CITY|TRIP
VALENCIA

W0406124

Inhalt

Blick vom Stadttor Torres dels Serrans ⓴ auf die Altstadt (001va-fo© joyt, stock.adobe.com)

Stephanie Schulz

CITY|TRIP VALENCIA

Nicht verpassen!

6 Mercat Central [B3]
Serrano-Schinken, farbenfrohes Obst und Gemüse, exotische Muscheln und Krabben werden an fast 300 Verkaufsständen in einem fantastischen Modernismus-Palast angeboten (s. S. 19).

8 Seidenbörse (Llotja de la Seda) [C3]
Die Seidenbörse von Valencia wurde in nur 15 Jahren erbaut. Noch heute beeindruckt der fast 18 m hohe Verhandlungssaal (s. S. 22).

14 Kathedrale (La Seu) [C2]
Die Kathedrale ist das Herzstück Valencias. Vom Miguelet-Turm hat man eine wunderbare Aussicht, im Inneren findet man den „Heiligen Gral" und zwei Goya-Malereien (s. S. 27).

16 Plaça de la Mare de Déu (Plaza de la Virgen) [C2]
Der Platz ist der zentrale Treffpunkt der Stadt. Zahlreiche Bars und Cafés mit Blick auf die Kathedrale, die Basilika und den Túria-Springbrunnen laden mit ihren Terrassen zum Verweilen ein (s. S. 31).

20 Torres dels Serrans [C1]
Das Stadttor ist ein imposanter Zeitzeuge des Mittelalters und bietet einen tollen Blick auf die Stadt (s. S. 34).

22 Fluss-Park Túria [C1]
Das trockengelegte Flussbett ist mit fast 9 km der längste Stadtpark Europas (s. S. 37).

27–33 CAC (Ciutat de les Arts i les Ciències) [di, dj, ej]
In dieser futuristischen „Stadt der Künste und Wissenschaften" durfte sich der Valencianische Architekt Santiago Calatrava richtig austoben. Neben der Oper und dem Wissenschaftsmuseum befinden sich hier u. a. ein IMAX-Kino und Europas größtes Aquarium (s. S. 40).

34 Marina Real Juan Carlos I [fi]
America's Cup und Formel-1-Rennen sind zwei der wichtigen Großereignisse, die hier in den 2000er-Jahren stattfanden. In der Zeit wurde der Sport- und Jachthafen komplett umgebaut (s. S. 46).

38 Strand La Malva-Rosa und Passeig de Neptú [fi]
An der Promenade flanieren, eine Sandburg bauen, das Meerwasser spüren, ein Fischgericht genießen, bis in den Morgen feiern und den Sonnenaufgang beobachten: Das alles und noch viel mehr kann man am Stadtstrand (s. S. 48).

Leichte Orientierung mit dem cleveren Nummernsystem

Die Sehenswürdigkeiten sind im Text und im Kartenmaterial mit derselben **magentafarbenen ovalen Nummer** 1 markiert. Alle anderen Lokalitäten wie Geschäfte, Restaurants usw. tragen ein **Symbol und eine fortlaufende rote Nummer** (1). Die Liste aller Orte befindet sich auf Seite 139, die Zeichenerklärung auf Seite 143.

Zeichenerklärung

★★★ nicht verpassen
★★ besonders sehenswert
★ wichtig für speziell interessierte Besucher

[A1] Planquadrat im Kartenmaterial. Orte ohne diese Angabe liegen außerhalb unserer Karten. Ihre Lage kann aber wie die von allen Ortsmarken mithilfe der begleitenden Web-App angezeigt werden (s. S. 143).

Updates zum Buch

www.reise-know-how.de/citytrip/valencia18

Vorwahlen

Die spanische **Landesvorwahl lautet 0034.** Es gibt keine separaten Ortsvorwahlen.

Adressangaben

Da in Valencia Kastilisch und Valencianisch gesprochen wird, kommt es häufig vor, dass Straßenschilder nicht einheitlich sind. Hier eine kleine Hilfe zum problemlosen Navigieren:

Deutsch	Valencianisch	Kastilisch
Straße	Carrer	Calle
Platz	Plaça	Plaza
Allee	Avinguda oder Albereda	Avenida oder Alameda
Promenade/Allee	Passeig	Paseo
Durchgang	Passatge	Pasaje
Weg/Pfad	Camí	Camino

Valencia entwickelt sich mehr und mehr zu einer der fahrradfreundlichsten Städte Spaniens: 2017 wurde ein Radweg rund um den Altstadtring eröffnet und damit eine große Lücke im Radwegnetz geschlossen. Insgesamt kann man nun auf 120 km durch die Stadt radeln (s. S. 115).

Seit Kurzem darf auch der normale Besucher den Balkon des Ajuntament betreten (s. S. 18). Einzig Honoratioren und den Falleras Mayores, den Festtagsköniginnen der Fallas, war dieses Privileg bisher gestattet.

Die Fallas, das Stadtfest von Valencia (s. S. 16), wurden 2016 von der UNESCO zum Weltkulturerbe erklärt und die Freude darüber ist immens! Man darf erwarten, dass diese im März stattfindende „Fiesta" weiter an Größe und Bedeutung zunimmt. Im Jahr 2017 wurden Teile des Museo Fallero renoviert. Hier kann man sich das ganze Jahr lang über das verrückte Valencianische Feuerfest informieren (s. S. 60).

Auch dem anderen großen Erbe, der Seide, schenkt man wieder mehr Beachtung: 2016 eröffnete auf eine private Initiative hin das Seidenmuseum. Außer der Seidenbörse (s. S. 22) kann man nun also auch dieses frühere Haus der Seidengilde (s. S. 59) besuchen und mehr über die Bedeutung und Geschichte des edlen Stoffes erfahren, der Valencia einst reich und berühmt machte.

Eine neue grüne Lunge ensteht zurzeit mitten in der Stadt: Endlich haben nach jahrelanger Planung die Bauarbeiten für den Parque Central (s. S. 101) hinter dem Estació del Nord begonnen. Dort entstehen Grünanlagen mit Spielplätzen, einem See und botanischen Sammlungen.

078va-dt©Elenaphotos, Dreamstime.com

VALENCIA ENTDECKEN

Valencia für Citybummler

Valencia, Spaniens drittgrößte Stadt, ist für viele noch eine schöne Unbekannte – und somit das perfekte Reiseziel. In welcher Stadt kann man schon in einem Fluss picknicken oder 2000 Jahre Geschichte auf wenigen Quadratmetern erleben? Wie wäre es mit einer leckeren Paella direkt an ihrer Geburtsstätte?

Valencia vereint einfach alles, was das Reiseherz begehrt, und das bei einer angenehmen und humanen Größe. Vom **Stadtstrand** bis zum **Gebirge** ist der Weg nicht weit und schon wenige Minuten außerhalb des Stadtzentrums kann man die **L'Horta**, das Gartenland mit seinen Obst- und Gemüsegärten, besuchen.

Tapas oder Reisgericht? Das ist oft die schwierigste Frage des Tages – warum nicht einfach beides?! Orangen pflücken oder doch lieber den guten Jamón Serrano probieren? Heute römische Geschichte erleben oder zwischen Haifischen im größten Aquarium Europas wandeln? Die Auswahl ist schier unbegrenzt und stets leicht erreichbar.

Für den Besucher sind in Valencia drei Zonen interessant: Die **Altstadt (Ciutat Vella)** mit der Kathedrale 14, dem Mercat Central 6 und der Seidenbörse 8, der **Fluss-Park Túria** mit der CAC (s. S. 40), der „Stadt der Künste und Wissenschaften", und der am Mittelmeer gelegene Stadtteil Cabanyal mit dem Strand La Malva-Rosa 38 und der Marina Real Juan Carlos I 34.

Valencia ist eine Großstadt, aber alles ist hier wunderbar zu Fuß, mit dem Fahrrad, den öffentlichen Verkehrsmitteln oder mit dem Taxi zu erreichen. Die Altstadt ist gut zu Fuß zu erschließen, der Túria-Park grenzt direkt an sie an. Um sich zwischen den drei Zonen zu bewegen, bietet sich an, den Bus oder die Metro zu nehmen (s. S. 126) bzw. ein Fahrrad zu mieten (s. S. 116).

Die **Ciutat Vella** eignet sich hervorragend für einen gemütlichen Spaziergang. Ein perfekter Startpunkt ist der Mercat Central, bevor es hier gegen 10 Uhr geschäftig wird. Nachdem man sich an dem reichen Angebot sattgesehen und hoffentlich auch sattgegessen hat, geht es gegenüber zur Seidenbörse, einem gotischen

004va-srs

◁ Vorseite: Der Mercat Central 6 ist ein Genuss für alle Sinne

◁ Die engen Gassen der Altstadt laden zum Spaziergang ein

Meisterwerk. Seit 1996 steht sie auf der Weltkulturerbe-Liste der UNESCO. Nicht weit von hier befinden sich wichtige Bauwerke wie die Kathedrale und die Basilika 17 an der Plaça de la Mare de Déu oder der Palau del Marqués de Dosaigües 12 an der Carrer del Poeta Querol. Man kann sich aber auch abseits des Monumentalen bewegen und sich in den verwinkelten Gassen des **Carme-Viertels** [B/C1] verlieren, eines der zahlreichen **Museen** (s. S. 58) besuchen oder seiner ganz eigenen Tapas-Route folgen.

Wem eher nach **Shopping** ist, der findet an der Carrer de Colom [D5–E4] die großen spanischen und internationalen Marken und auch die El-Corte-Inglés-Kaufhäuser (s. S. 107), in denen es einfach alles gibt. Von ihnen stehen hier gleich drei. Wer eher nach authentischen, ungewöhnlichen Dingen in kleineren Boutiquen sucht, der sollte rund um den Mercado de Colón 21, im Viertel Carme und im hippen Stadtteil Russafa [C/D7] schauen.

Wie ein grünes Band zieht sich der **Fluss Túria** durch die Stadt. Ein grüner Fluss? Ja! Denn es handelt sich beim Túria um ein **trockengelegtes Flussbett,** in dem sich heute der **längste Park Europas** befindet. Absolut autofrei (manchmal sieht man berittene Polizisten oder den kleinen Zug für Touristen) kann man hier auf fast 9 km die Fahrrad- und Laufwege nutzen, den Gulliver-Spielplatz (s. S. 113) erklettern und sich entspannen. Im Park befindet sich auch der Palau de la Música 26, in dessen Garten im Sommer Open-Air-Kino veranstaltet wird. Außerdem ist der Park die Verbindung zwischen der Altstadt

EXTRATIPP

Die Stadt von oben

Es lohnt sich, auf einen der **Aussichtspunkte** der Stadt zu steigen! Besonders zum Abschluss einer Reise, wenn man Valencia schon gut kennt und einige Bauwerke identifizieren kann.

- **Torres de Quart** 19, 34 m
- **Torres dels Serrans** 20, 33 m
- **Kathedralen-Turm Micalet** 15, 51 m
- **Carmen Polo Terrace,** Dachterrasse im 5. Stock des HolaHotel del Carmen (s. S. 123), geöffnet: tgl. 17–1.30 Uhr. Blick auf Fluss und Torres dels Serrans, auch für Nicht-Hotelgäste.
- **Vertical** (s. S. 72), das höchstgelegene Restaurant der Stadt.
- Von den **Terrassen des Veles E Vents** 37 hat man einen hervorragenden Rundumblick.

Stadtmodelle

In der Altstadt verteilt stehen **Modelle der historisch interessanten Gebäude** und **Plätze** mit Erklärungen und Plänen in Braille, z. B. an der Basilika 17 und der Kathedrale 14. Sie sind für Blinde und Sehbehinderte gedacht, damit auch sie Valencia auf ihre Weise erfahren können. Es ist aber für jeden Besucher interessant, sich diese Modelle genauer anzuschauen.

076va-srs

Stadtmodell mit Kathedrale 14 und Basilika 17

und der **Ciutat de les Arts i les Ciències** (s. S. 40), Stadt der Künste und Wissenschaften. Wenn man diese futuristischen Bauwerke betritt, kommt man sich vor wie in einer anderen Welt. Die Oper 27 überragt alles, sowohl von ihrer Größe her als auch was die Klangqualität im Inneren angeht. Nebenan stehen das IMAX-Kino 28, das Wissenschaftsmuseum 29, L'Umbracle 30 und die Multifunktionshalle Ágora 32. Und am östlichen Ende befindet sich das Aquarium Oceanogràfic 33.

Von hier ist es nur noch ein kurzer Weg per Fahrrad, Bus oder Taxi zum **Meer.** Ankommend von der Avinguda del Port trifft man zunächst auf den **Jachthafen** 34, der nach dem früheren spanischen König Juan Carlos I. benannt ist. Weiße Luxusjachten wiegen sich im Wind, das blaue Meer glitzert im Sonnenschein, die Möwen kreischen und die Luft riecht nach Salz und Sonnenschein – Mittelmeer-Atmosphäre pur! Der Hafen ist in den 2000er-Jahren für den America's Cup komplett umgebaut worden – inklusive dem Pressegebäude Veles E Vents 37. Hier rasten auch zwischen 2008 bis 2012 die Formel-1-Autos über den „Valencia Street Circuit".

Spannend ist ein Abstecher in den angrenzenden traditionellen Stadtteil **Cabanyal** 39. Hier reihen sich mit Fliesen bedeckte Häuser aneinander, Kinder spielen auf der Straße und es ist wie ein Fischerdorf fernab der Großstadt – mit all seinen Ecken und Kanten. Schließlich gelangt man zum **Strand La Malva-Rosa** 38: ein 80 Meter breiter Sandstreifen mit angeschlossener Strandpromenade, zahlreichen Restaurants, einem Luxushotel und dem valencianischen „Walk of Fame" (hier wurden auf Bodenplatten Filmstars verewigt).

Kurztrip nach Valencia

Valencia lässt sich aufgrund seiner Größe und Übersichtlichkeit gut bei einem Kurztrip entdecken. Es bietet sich an, eine Unterkunft in der Altstadt oder am Strand zu nehmen, sodass man nur kurze Strecken zu den Highlights zurücklegen muss.

Tag 1

Am ersten Tag sollte man die **Altstadt** mit ihren zahlreichen Facetten entdecken – außer, es handelt sich um einen Sonntag (der Mercat Central 6 ist an diesem Tag geschlossen) oder einen Montag (fast alle Museen haben geschlossen). Der auf Seite 12 beschriebene **Stadtspaziergang** vermittelt einen umfassenden Überblick über Geschichte, Kultur und Kuriositäten. Im Anschluss daran kann man das eine oder andere **Museum** (s. S. 58) besuchen oder bei einem Getränk auf einer der Caféterrassen die Atmosphäre der Stadt auf sich wirken lassen. Abends gibt es typisch valencianische Tapas und ein paar *Copas* („Gläser", also Drinks), um den Tag ausklingen zu lassen.

▷ Das Oceanogràfic 33 ist Europas größtes Aquarium

Tag 2

Wer gern **Fahrrad** fährt, für den ist Valencia ideal – flach und mit vielen Fahrradwegen. Also mietet man am besten ein Rad (s. S. 116, es gibt auch eBikes) und fährt durch den schönen **Fluss-Park Túria** 22 zur **Ciutat de les Arts i les Ciències** (s. S. 40). Dort kann man die futuristische Architektur bestaunen und das **Wissenschaftsmuseum** 29 oder das **Aquarium** 33 besuchen.

Von hier geht es weiter zum **Hafen** 34 und zum **Strand La Malva-Rosa** 38, wo man sich eine *Paella Valenciana* oder Fisch und Meeresfrüchte in einem der Traditionsrestaurants schmecken lässt.

Am Nachmittag folgt ein gemütlicher Spaziergang durch den Stadtteil **Cabanyal** 39 oder ein **Ausflug mit dem Katamaran** (s. S. 120).

Am Abend kann man einen weiteren Stadtteil entdecken, wie das alternative **Russafa** [C/D7] oder das elegante **Cànovas** [F5], beide mit hervorragenden Restaurants und Bars.

Tag 3

Hat man noch einen dritten Tag Zeit, sollte man sich einen **Stadtteil** oder ein **Museum** (s. S. 58) **im Detail anschauen.** Besonders empfehlenswert sind das **Museo Fallero** (s. S. 60), das moderne **Kunstmuseum IVAM** oder das **Keramikmuseum** (im Palau del Marqués de Dosaigües 12).

Möglich ist auch ein Ausflug in das Naturschutzgebiet **L'Albufera** 40, den gleichnamigen Süßwassersee mit seinen Reisfeldern, Ursprungsort der Paella.

Für Familien böte sich ein Besuch im **Bioparc** (s. S. 112), Valencias modernem Zoo, an.

078va-srs

Das gibt es nur in Valencia!

- ***Mascletà:*** *lautes Feuerwerk mit Knallkörpern am hellichten Tag, täglich um 14 Uhr während der Fallas und an einigen anderen Feiertagen (s. S. 16)*
- ***Horchata*** *(Erdmandelmilch): Traditionsgetränk aus der „Chufa" (Erdmandel). Unbedingt mit einem „Fartón" (eine Gebäckstange) probieren (s. S. 67).*
- *Valencia hat mehrere Einträge im* ***Guinness-Buch der Rekorde:*** *Zunächst gibt es in der Stadt angeblich die schmalste Hausfassade Europas (La Estrecha 9), dann wurde im Jahr 1992 in einer einzigen gigantischen Pfanne für 100.000 Menschen Paella gekocht und und mit ca. 95.000 Bleisoldaten hält das Museum L'Iber (s. S. 59) ebenfalls einen Rekord. Im Doce Gin Club (s. S. 79) gibt es zudem die meisten Ginsorten im Ausschank.*
- ***Tribunal de les Aigües:*** *Seit über 1000 Jahren tagt donnerstags das sogenannte Wassergericht (s. S. 32).*

Stadtspaziergang

Ausgangspunkt für diesen **4 bis 5 Stunden** dauernden Stadtspaziergang ist der Hauptbahnhof **Estació del Nord** ❶, günstig an der Metrostation Xàtiva gelegen. Das Gebäude sollte man unbedingt auch von innen besuchen! Zunächst geht es an der **Stierkampfarena** ❷ von 1851 vorbei durch die Fußgängerzone hin zum **Rathausplatz** ❸, an dem sich die **Hauptpost** ❺ und das **Ajuntament** ❹ befinden. Danach läuft man am Springbrunnen vorbei und links auf der Carrer de María Cristina bis zum **Mercat Central** ❻ mit seinen kulinarischen Schätzen (geöffnet Mo.–Sa. von 7.30 bis 15 Uhr). Wenn man sich dann vom frischen Obst, Gemüse, Fisch, Fleisch und vielem mehr losreißen kann, sollte man auch die **Seidenbörse** ❽ gegenüber besuchen.

Man geht nun über den Plaça Doctor Collado weiter zur Carrer dels Drets. In der Carrer Martín Mengod, einer kleinen Seitenstraße auf der linken Seite, kann man dem letzten **Fächermaler** der Stadt im Atelier seines Geschäfts bei der Arbeit über die Schulter schauen (Abanicos Vibenca, s. S. 83).

Rechts um die Ecke liegt die Plaça Lope de Vega und hier steht das Haus mit der angeblich **schmalsten Hausfassade Europas** ❾. Gegenüber befindet sich die wunderbare **Plaça Redona** ❿, der „Runde Platz“, und wenn man Glück hat, sitzen dort einige ältere Damen und arbeiten in fröhlicher Runde an ihren Handarbeiten. Hier kann man einen Moment verweilen, vielleicht ein oder zwei herzhafte Pintxos im **Pintxo i Trago** (s. S. 73) essen oder ein Stückchen um die Ecke in der traditionellen **Horchatería Santa Catalina** (s. S. 77) eine typische *Horchata* mit *Fartón* probieren – hoffentlich die erste von vielen hier in Valencia!

Nun sollte man über die Carrer de la Pau und die Carrer del Marqués de Dosaigües einen Schlenker zum **Palau del Marqués de Dosaigües** ⓬ machen. Hier beginnt auch die sogenannte „Golden Mile“ mit Luxusläden. Man läuft nun die gleiche Strecke wieder ein Stück zurück, bis man zur Plaça de la Reina gelangt. Hier steht die **Kathedrale** ⓮ von Valencia, um die man nun entgegen dem Uhrzeigersinn am besten einmal fast komplett herumspaziert. Auf diese Weise sieht man die verschiedenen Eingangstüren und Fassaden und auch die archäologische Ausgrabungsstätte Almoina (**Centre Arqueològic de l'Almoina**, s. S. 58). Schließlich erreicht man die **Plaça de la Mare de Déu** ⓰ mit der gleichnamigen **Basilika** ⓱ und dem Präsidentensitz des Bundeslandes Comunitat Valenciana, der **Generalitat.**

Links am Springbrunnen vorbei geht es nun zur Carrer del Comte d'Almodóvar und dann links auf die Carrer dels Franciscans, die an der Plaça de Cisneros [C2] endet. Von Weitem kann man nun schon das beeindruckende Stadttor **Torres dels Serrans** ⓴ sehen, hinter dem der trockengelegte **Fluss Túria** ㉒ liegt, der heute ein ausgedehnter Park ist. Jetzt hat man die ganze Altstadt einmal von Süden nach Norden durchquert.

Wenn man noch Energie hat, dann sollte man hier im Park gen

Routenverlauf im Stadtplan

Der hier beschriebene Spaziergang ist mit einer farbigen Linie im Stadtplan eingezeichnet.

006va-srs

Osten, also Richtung Mittelmeer gehen (nach rechts), um ein wenig den Fluss und seine Atmosphäre zu genießen. Nach etwa 20 Minuten bzw. 1 km kann man den Fluss-Park auf der rechten Seite an der Metrostation Alameda [F3] wieder verlassen und sich (vorbei an der Porta de la Mar) Richtung **Glorieta** [E3] und **Parque del Parterre** [D/E3] bewegen. Dabei handelt es sich um zwei kleine **Parks** mit über 160 Jahre alten, riesigen Gummibäumen und dem Reiterstandbild von Jaume I., dem Conquistador von Valencia (s. S. 20).

Zum Abschluss überquert man die **Carrer de Colom** [D5–E4], die Shoppingstraße, an der man alle großen spanischen und internationalen Marken findet, um auf der Carrer de Jorge Juan zu einem weiteren Highlight der Stadt, dem **Mercado de Colón** 21, zu gelangen. Hier darf man sich nun ausgiebig bei einer weiteren *Horchata* (Horchatería Daniel, s. S. 77) oder bei einem Túria-Bier (s. S. 68) ausruhen und die gewonnen Eindrücke verarbeiten.

Erlebenswertes in der Altstadt

1 Hauptbahnhof (Estació del Nord) ★★★ [C5]

Er ist eines der schönsten Beispiele des Valencianischen Modernismus (s. S. 37): Der Hauptbahnhof (1917) besticht durch seine wundervolle Kombination aus geschwungenen Metallbögen, farbigen Glasflächen und vielfältigen Keramikdekorationen.

Immer wieder findet man an der Fassade **Orangen und ihre Blüten**, **rote Sterne** (Symbol der früheren Betreiberfirma), aber auch, direkt unter den Flaggen, zwei **Keramikmosaiken**, die jeweils die Wächterin des Tages (rechts) und der Nacht (links) darstellen. Im Gebäude besticht das frühe-

Kleine Pause gefällig? Im Park Glorieta [E3] finden sich beeindruckende, Schatten spendende Bäume.

007va-srs

KURZ & KNAPP

Trencadís

Trencadís ganz einfach erklärt: Man zerbricht **Fliesen** und setzt ein **Mosaik aus den Bruchstücken** zusammen. Diese Technik ist im Mittelmeerraum weit verbreitet und der Architekt Antoni Gaudí hat sie in Barcelona am Anfang des 20. Jahrhunderts perfektioniert. In Valencia findet man sowohl wunderschöne mehrfarbige Bilder (Mercado de Colón 21, Estació del Nord 1 – beides Bauwerke des Valencianischen Modernismus, s. S. 37) als auch einfarbige Mosaiken (besonders in der Ciutat de les Arts i les Ciències in Weiß und Blau, s. S. 40). Die Technik ist allerdings nicht nur schön anzusehen, sondern sie gilt auch als praktisch: Die hohe Luftfeuchtigkeit am Mittelmeer wird durch die Fliesenglasur vom Eindringen in die Häuser abgehalten, es ist so im Inneren weniger klamm und kalt.

re **Bahnhofscafé** (heute Ausstellungsraum) auf der rechten Seite durch seine Schönheit: Thema der **Kachelbilder** und des **Trencadís** sind L'Horta (das Gartenland um Valencia) und der Süßwassersee L'Albufera.

Nicht verpassen: In der Eingangshalle mit den hölzernen Fahrkartenschaltern wird dem Reisenden in mehreren Sprachen eine „Glückliche Reise!" gewünscht. Man findet die freundlichen Worte an den Holzsäulen zwischen den Türen und Fenstern.

Seit Jahren gibt es den Plan, den Bahnhof umzubauen und die Gleise unterirdisch zu verlegen, ähnlich dem Projekt „Stuttgart 21". Das historische Gebäude soll in den neuen Bahnhof integriert werden und auf der Fläche, wo heute die Gleise oberirdisch verlaufen, soll der riesi-

Abends leuchtet Valencia in einem angenehm warmen Licht: hier der Estació del Nord 1

In der Plaza de Torros finden nicht nur Stierkämpfe statt

ge Parque Central (Zentralpark) entstehen. Man hat 2015 mit den Bauarbeiten für den Park begonnen, die Fertigstellung des Gesamtprojekts liegt allerdings bei der derzeitigen Finanzlage der Stadt in weiter Ferne (s. S. 101).

Kurios: Obwohl der Bahnhof wörtlich übersetzt **„Nordbahnhof"** heißt, liegt er doch im Süden der Altstadt. Den Namen verdankt er der früheren Betreiberfirma, der Compañia de Caminos de Hierro del Norte de España – Gesellschaft der Eisenbahnen Nordspaniens. Dieser Name war so lang, dass die Valencianer ihn einfach auf „Estació del Nord" verkürzten.

Ganz wichtig: Wer in Valencia eine Zugreise antritt, sollte genau auf seinem Ticket kontrollieren, von wo der Zug abfährt, denn es gibt zwei Bahnhöfe. Der **Bahnhof Joaquín Sorolla** [B7] befindet sich etwa 15 Minuten zu Fuß hinter dem Hauptbahnhof. Von dort bringt einen zum Beispiel der Hochgeschwindigkeitszug AVE (Alta Velocidad Española) in nur 95 Minuten nach Madrid.

› Carrer de Xàtiva, 24, Tel. 902432343, www.renfe.es

2 Stierkampfarena (Plaza de Toros) und Museo Taurino ★★ [C5]

Als die Stierkampfarena am 3. August 1851 eröffnet wurde, waren gerade mal drei Sitzreihen fertig, aber man musste dringend Geld für den Weiterbau verdienen. Also wurden einfach Holztribünen für die übrigen Zuschauer aufgebaut. Innerhalb weniger Stunden war das Spektakel komplett ausverkauft. Und so schrieb eine Tageszeitung am nächsten Tag keinen ausführlichen Bericht über die *corridas*, denn: „Die Fans werden gestern dort gewesen sein, und diejenigen, die nicht anwesend waren, interessieren sich wohl nicht sehr für Stierkampf."

Zehn Jahre später war die Arena dann endlich komplett fertig: inspiriert vom Kolosseum in Rom, mit 384 Steinbögen und heute 12.884 Sitzplätzen. Wenn die Flaggen über dem Platz wehen, dann finden hier *corridas* statt. Neben **Stierkämpfen** werden aber auch **Konzerte, politische Veranstaltungen** und – ganz wichtig – das **Oktoberfest** veranstaltet.

008va-srs

Die Fallas

Ein ständiges Knallen und Zischen, Tausende Frauen in eleganten Seidenkleidern, riesige temporäre Bauwerke, viel Musik. Der Duft von Feuerwerk und Fettgebäck liegt in der Luft. Es ist März und Zeit für das Valencianischste aller Feste: die ***Fallas.*** *Gefeiert wird im weitesten Sinne* ***St. Josef.*** *Am 19. März ist sein Namenstag – das weiß in Spanien jeder, weil gleichzeitig im ganzen Land der Vatertag gefeiert wird.*

Seit vielen Jahrhunderten zünden die Schreiner zu Ehren St. Josefs, ihres Schutzheiligen, Feuer aus Holzresten vor ihren Werkstätten an. Aus diesen primitiven Scheiterhaufen entwickelten sich nach und nach die ***Fallas-Monumente*** *(Bauwerke). Sie sind das Herzstück des Festes, um sie dreht sich alles. Hergestellt aus Holz, Pappmaché, Stroh, Styropor und bunten Farben sind sie etwa 10 bis 15 m hoch und stehen auf vielen Plätzen und Straßenkreuzungen der Stadt. Themen aus der Politik, Wirtschaft, dem Alltag usw. werden hier auf satirische Art und Weise aufgegriffen. Es werden Preise in den verschiedensten Kategorien vergeben. Gebaut werden die Monumente von den* ***Comisións falleras,*** *den Straßenvereinen, die das ganze Jahr über Geld sammeln, um diese vergänglichen Bauwerke bezahlen zu können. Es gibt etwa 375 dieser Vereine und jeder baut gleich zwei Monumente: ein kleineres für die Kinder (bis 3 m hoch) und ein großes für die Erwachsenen (das Höchste war 40 m hoch und hat fast 1 Mio Euro gekostet). Entworfen und hergestellt werden diese Kunstwerke von den* ***Artistas Falleros,*** *die ihr Handwerk in einem einzigartigen Studiengang an der Universität erlernen, einen wichtigen Wirtschaftszweig in Valencia darstellen und mit ihren Werkstätten einen eigenen Stadtteil füllen.*

Am 19. März passiert um Mitternacht noch immer das, was die Tradition seit Jahrhunderten gebietet: Alles wird verbrannt! Die Stadt steht dann sprichwörtlich in Flammen, es ist ein beeindruckendes Spektakel. Nur ein einziger ***Ninot*** *(das sind die vielen kleinen Figuren, die das große Monument bilden) wird vor den Flammen gerettet und im* ***Museo Fallero*** *(s. S. 60) ausgestellt. Ende 2016 wurden die Fallas zum Immateriellen Weltkulturerbe erklärt und stehen nun unter dem Schutz der UNESCO.*

Aber natürlich gibt es noch viel mehr bei den Fallas:

- ***Crida*** *(„Ruf"): Bereits am letzten Sonntag im Februar übergibt der Bürgermeister der gewählten Königin (Fallera Mayor) auf dem Stadttor Torres dels Serrans* 20 *die Schlüssel der Stadt. Böllerfeuerwerk (Mascletà) um 14 Uhr auf dem Rathausplatz und am Vorabend Höhenfeuerwerk im Fluss-Park.*
- ***Plantà*** *(„Aufbau"): Bis zum 15. März müssen alle Monumente stehen. Früher ging das ganz fix über Nacht, aber mittlerweile sind die Bauwerke meist so riesig und kompliziert, dass man Tage vorher beginnt und teilweise Kräne zum Einsatz kommen.*
- ***Mascletà*** *(„Krachen"): Zwischen dem 1. und dem 19. März findet jeden Tag um 14 Uhr ein ungewöhnliches Böllerfeuerwerk auf dem Plaça de l'Ajuntament* 3 *statt. Die*

Zeit überrascht, ist aber typisch für Valencia. Der Platz ist proppenvoll, am besten mietet man einen Balkon (mehr Informationen bei den Touristeninformationen, s. S. 107, Preis pro Person ab 45 €). Punkt 14 Uhr eröffnen die Fallera Mayor und die Fallera Mayor Infantil (Kinderkönigin) vom Rathausbalkon aus das Feuerwerk. Es dauert etwa 6 bis 8 Minuten, ist wahnsinnig laut und hinterher riecht es nach Qualm – ein Duft, den die Valencianer lieber mögen als jedes Parfum der Welt. Während des ganzen Jahres darf übrigens in Valencia Feuerwerk verkauft und gezündet werden. Gerade bei den Fallas machen das auch viele Kinder – sie dürfen es laut Gesetz ab 8 Jahre, wenn sie eine schriftliche Erlaubnis der Eltern dabeihaben. An dieses Gesetz halten sich aber nur wenige und meist sind die Kinder noch jünger.

- ***Luces*** *(„Lichter“): Ab dem 10. März werden am Abend mehrere Straßenzüge mit Hunderttausenden von LEDs beleuchtet. Es gibt etwa jede halbe Stunde eine Lichtshow mit Musik. Meist gewinnt den Wettbewerb um die schönste Beleuchtung die Carrer de Cuba oder die Carrer de Sueca im Stadtteil Russafa.*
- ***Castillos*** *(„Schlösser“): Vom 16. bis 18. März finden gegen 1 Uhr morgens auch klassische Feuerwerke statt. Etwa 20 bis 30 Minuten lang werden Raketen mit Goldregen, Sternen und farbenfrohen Explosionen in den Nachthimmel geschossen.*
- ***Ofrenda*** *(„Schenkung“): Am 17. und 18. März ziehen etwa 50.000 Mädchen und Frauen ihre schönste valencianische Tracht an, frisieren ihre Haare in kunstvolle Kringel und machen sich auf den Weg zur Plaça de la Mare de Déu* **16***. Hier steht eine 12 m hohe Holzstatue der heiligen Jungfrau. Die Damen haben einen Nelkenstrauß dabei, den sie der Jungfrau schenken. Aus den Blumen wird ein Mantel rund um die Holzstatue zusammengesteckt. Das Ganze ist ein wahnsinniger logistischer Aufwand und viele Straßen sind gesperrt.*
- ***Verbena (Straßendisco) und Konzerte:*** *Es wird gefeiert und getanzt, was das Zeug hält. Bis 4 Uhr darf auf offener Straße laute Musik gespielt werden. Fast jede Comisión fallera organisiert so eine Party: einfach der Lautstärke folgen.*

009va-srs

Mehrere Einzelfiguren, sogenannte „Ninots“, bilden das Fallas-Monument

An die Arena angeschlossen ist das kleine **Museo Taurino**, in dem sich der Besucher über die Geschichte und Tradition des Stierkampfs informieren kann. Von hier aus darf man die Stierkampfarena auch von innen besichtigen, wenn keine Stiere vor Ort sind.

› **Museo Taurino**, Passatge del Doctor Serra, 10, Tel. 963157919, www.museotaurinovalencia.es, geöffnet: Di–Sa. 10–19 Uhr, So. 10–14 Uhr, Eintritt: 2 €, ermäßigt 1 €

3 Plaça de l'Ajuntament ★★★ [C4]

Der Rathausplatz ist das Zentrum Valencias. Fast alle angrenzenden Gebäude wurden in der ersten Hälfte des 20. Jahrhunderts gebaut, so wie das Rathaus 4, die Hauptpost 5 und zahlreiche Hotels und Versicherungsdependancen.

Insgesamt **13 Blumenläden** stehen auf dem Platz. In ihrer Mitte findet zwischen dem 1. und 19. März jeden Tag um 14 Uhr die **Mascletà** statt, ein riesiges Böllerfeuerwerk (s. S. 16). Genau aus diesem Grund sind die Blumenläden heute zur Hälfte aus Glas und zur anderen Hälfte aus Marmor – die Explosionen der Feuerwerkskörper sind so stark, dass sie das Glas in Richtung Platz früher oft zerspringen ließen.

Der **Springbrunnen** im nördlichen Teil des Platzes wird abends beleuchtet. Daneben steht die **Statue von Francesc de Vinatea**. Er war ein Revolutionsführer, der sich im 14. Jahrhundert gegen den König Alfonso IV. von Aragon auflehnte, als dieser unrechtmässig versuchte, das Königreich Valencia zu teilen und an seinen Stiefsohn zu vererben. Wichtiger ist allerdings, wer hier vorher stand: Bis in die 1980er-Jahre war es die Statue des spanischen Diktators Franco, der auch dem Platz seinen damaligen Namen gab: Plaza del Caudillo („Platz des Führers").

4 Rathaus (Ajuntament) ★★ [C4]

Das Rathaus überragt mit seiner **kolossalen Hauptfassade** alles am gleichnamigen Platz. Im 19. Jahrhundert war das alte Rathaus an der Pla-

010va-srs

ça de la Mare de Déu (16) – es stand auf der Fläche des heutigen Orangengartens – in einem katastrophalen Zustand und nach und nach zogen die Büros an ihren heutigen Ort in bereits vorhandene Gebäude ein. Man entschied sich 1906, sie durch eine Hauptfassade optisch miteinander zu verbinden.

Der **Balkon** ist ein Anbau aus den 1960er-Jahren. Wahrscheinlich wurde er gebaut, um dem früheren Diktator Franco die nötige Plattform für seine Reden an das valencianische Volk zu geben. Von hier aus eröffnen die Falleras Mayores die tägliche **Mascletà** (s. S. 16). Die **Fledermaus**, das Wappentier, schaut dem ganzen Trubel von oben zu.

Im Jahr 2015 wählten die Valencianer eine neue **Mitte-Links-Stadtregierung**, nachdem die Konservativen 24 Jahre lang an der Macht gewesen waren. Für viele Bürger ist eine der wichtigsten Veränderungen, dass sie nun selbst den symbolträchtigen Balkon betreten dürfen. Der Blick auf den Rathausplatz ist fantastisch.

Außerdem kann man den **Ballsaal** und das **Städtische Geschichtsmuseum** besuchen. Nicht jeden Tag sieht man zum Beispiel ein Schwert und einen Schild aus dem 13. Jahrhundert, Besitz von Jaume I., dem „Conquistador“ von Valencia (s. S. 20).

Praktisch gelegen ist die Touristeninformation (s. S. 107) der Stadt rechts neben dem Haupteingang.

› Plaça de l'Ajuntament, 1,
Tel. 962081181, www.valencia.es,
geöffnet: Museum Mo–Fr. 9–15 Uhr,
Balkon Mo.–Fr. 10–14 Uhr, Eintritt: frei

◁ Das Rathaus mit seinem historischen Balkon steht heute allen Bürgern offen

(5) Hauptpost (Correos) ★ [C4]

Palacio de Comunicaciónes ist der eigentliche (und wesentlich elegantere) Name der Hauptpost. Der **Metallturm auf dem Dach** dieses „Kommunikationspalasts“ ist heute nur noch Dekoration, war aber seit der Fertigstellung des Gebäudes im Jahre 1922 der Funkturm. Über dem **Haupteingang** kann man ein Schiff und eine Lokomotive sehen, früher Transportmittel der Briefe, die von hier verschickt wurden.

Im Eingangsbereich sollte man links nicht die **historischen Briefkästen** verpassen, geordnet nach Valencia-Stadt und Provinz, Barcelona, Madrid, Rest Spanien und Ausland. Die riesige **Kuppel im Innenraum** zeigt das Stadtwappen und rundherum die 48 Wappen der spanischen Provinzen. Achtung: Nur Fotos von der Kuppel sind erlaubt, nicht vom Postbetrieb!

Hier kann man natürlich auch Briefmarken *(sellos)* für die Postkarten nach Hause kaufen, selbiges ist aber auch in den Tabakläden *(Estanco de Tabacos)* oder direkt beim Kauf der Postkarten im Laden möglich.

› Plaça de l'Ajuntament, 24,
Tel. 902197197, www.correos.es,
geöffnet: Mo.–Fr. 8.30–20.30 Uhr

(6) Mercat Central ★★★ [B3]

Ein riesiger Modernismus-Palast, in dem alle kulinarischen Wünsche wahr werden: Ab 7.30 Uhr geht das geschäftige Treiben an etwa 285 Ständen los. Egal, ob man zum Kauf von Obst und Gemüse, Fleisch oder Fisch, Lokalem oder Exotischen hergekommen ist – hier findet man einfach alles, in verschiedenen Preisklassen und Qualitätskategorien. Am

Wie Valencia zur Fledermaus kam

Etwas ungewöhnlich ist das Wappentier Valencias: Es ist eine Fledermaus bzw. ein „Ratpenat", wie man auf Valencianisch sagt. Wie es dazu kam, erzählt eine Legende aus dem 13. Jahrhundert. ***Jaume I.,*** *katholischer König von Aragon, wollte die damals muslimische Stadt zurückerobern. Dabei soll ihm eine Fledermaus geholfen haben.*

012va-srs

Eines Nachts im Jahr 1238 schliefen die christlichen Soldaten und ihr König in ihren Zelten vor den Mauern der Stadt. Sie hatten hier ihr Lager aufgeschlagen, um Valencia in den nächsten Tagen zu erobern. Plötzlich wurden sie von einem Trommelgeräusch geweckt. So konnten sie einen Überraschungsangriff der Mauren frühzeitig erkennen und abwehren. Als man nach dem Ursprung des Alarms suchte, fand man eine Fledermaus, die ihr Nest auf dem Zeltdach des Königs gebaut hatte und mehrfach gegen den Stoff geflogen war. Aus Dankbarkeit wurde die Fledermaus zum Wappentier.

Es ist allerdings wahrscheinlicher, dass die Fledermaus eine Fehlinterpretation ist: Die Könige von Aragon verehrten St. Georg, den Drachentöter. Jaume I. wird nachgesagt, dass er einen Helm mit einem riesigen Drachen trug. Drachen und Fledermaus sehen sich schon ein wenig ähnlich, oder?

besten verliert man sich ein bisschen in den vielen Gängen und lässt sich von den Düften und Geräuschen leiten.

An dieser Stelle gab es schon seit muslimischen Zeiten Märkte. Ab 1910 wurden der frühere unbefestigte Markt und 42 weitere Gebäude abgerissen, 1914 legte man den Grundstein für den neuen Markt. Ganze 14 Jahre später – die Bauarbeiten verzögerten sich immer wieder – war der **Mercat Central** dann endlich fertig. Auf 8.160 m² sind heute etwa 285 Firmen tätig. Mittlerweile gibt es im Markt neben Schinken, Orangen, Stockfisch und Backwaren auch eine **Bar vom Sternekoch Ricard Camarena** (s. S. 72), einige Souvenirstände und einen Schuster. Neuerdings kann man auch Tapas und Snacks zum Mitnehmen kaufen. Man will jedoch den eigentlichen Markt-Charakter erhalten und nicht zu einer Tapas- und Eventhalle verkommen, wie es in anderen spanischen Städten bereits der Fall ist.

Das Gebäude ist spektakulär im Stil des **Valencianischen Modernismus** (s. S. 37) gebaut und dekoriert. Aufgeteilt ist es in zwei Hallen: die eigentliche Markthalle, mit einer 30 m hohen Kuppel im Zentrum, und den Fischmarkt. Besonders mutige Besucher können in Letzterem auch Innereien aller Art betrachten.

Einen Scherz haben sich die Architekten auf dem Dach des Marktes erlaubt. Dort sitzt am höchsten Punkt ein **grüner Papagei** – als Hinweis auf die Marktweiber, die angeblich genauso viel schnattern wie der Vogel. Mittlerweile ist er zum Maskottchen des Markts geworden. Am Infoschalter (Ausgang Plaça de la Ciutat de Bruges) kann man Artikel mit dem Papagei als Logo kaufen.

Und wenn man schon gar nicht mehr in Valencia ist und einem der Mercat Central sehr fehlt: Es gibt einen internationalen Lieferservice, der die Waren auch nach Hause in Deutschland, Österreich und in die Schweiz bringt.

› Plaça del Mercat, Tel. 963829100, www.mercadocentralvalencia.es, geöffnet: Mo.–Sa. 7.30–15 Uhr

7 Real Iglesia de los Santos Juanes ★ [B3]

Diese Kirche ist sowohl **Johannes dem Täufer** als auch **Johannes dem Evangelisten** geweiht. Wie die meisten Kirchen der Altstadt wurde sie an der Stelle einer früheren Moschee gebaut (14. Jahrhundert). Im Inneren der Kirche gibt es reiche Barockdekorationen.

Die **Fassade** Richtung Plaça del Mercat ist im barocken Stil angelegt. Auffällig ist der **Adler mit Tintenfass im Schnabel** auf der Turmspitze: Er ist das Symbol von Johannes dem Evangelisten und der Apokalypse. Man erzählt sich in Valencia, dass arme Bauern ihren Kindern sagten, sie sollen zu diesem Adler hinaufschauen. Dann gingen sie weg, um

013va-srs

Ein Fest für alle Sinne: ein Besuch im Mercat Central 6

EXTRATIPP

Für Köche und Feinschmecker

Viele Touristen stehen vor dem gleichen Problem: Wenn sie die hervorragenden Waren, die es im Mercat Central 6 zu kaufen gibt, sehen, bekommen sie Lust zu kochen. Sie haben aber keine Küche zur Verfügung, weil sie in einem Hotel untergebracht sind. Das Restaurant El Trocito del Medio neben dem Markt bietet einen speziellen Service an: Nachdem man persönlich im Markt shoppen war, werden hier die frischgekauften Zutaten (Fisch, Fleisch, Meeresfrüchte usw.) *a la plancha,* also gegrillt, zubereitet. Man zahlt dafür einen kleinen Obolus (zwischen 5 und 10 €) und bestellt zusätzlich Getränke und Dessert von der Speisekarte. Unbedingt vor dem Einkauf kurz in der Küche nachfragen, ob sie Zeit haben.

1 [C3] **El Trocito del Medio** €, Carrer de Blanes, 1, Tel. 620677881, geöffnet: Mo.–Sa. 5–16 Uhr

angeblich Einkäufe im Markt zu tätigen und kehrten nicht mehr zurück. Die Kinder waren fortan Waisen und wurden häufig von Nonnen aufgenommen, die öfter an dieser Stelle vorbeikamen.

› Plaça del Mercat, Tel. 963916354

8 Seidenbörse (Llotja de la Seda) ★★★ [C3]

Wer zum ersten Mal die Llotja sieht, könnte denken, dass es sich dabei um eine Kirche oder eine Burg handelt, weil sie leicht als mittelalterliches Gebäude im gotischen Stil (Stichwort „Spitzbögen") identifizierbar ist. Die einzigen Mächte, die genug Einkommen besaßen, um sich einen solchen Palast aus Stein bauen zu lassen, waren normalerweise Kirche und König. Deshalb sagt man übrigens auch heute noch auf Deutsch, dass jemand „steinreich" ist. Im Valencia des 15. Jahrhunderts, dem Goldenen Zeitalter, konnten sich allerdings auch die Kaufleute der Stadt solchen Prunk erlauben. Die Seidenbörse wurde in nur 15 Jahren aus dem Boden gestampft (1483–1498). Seit 1996 steht sie als Weltkulturerbe unter dem Schutz der UNESCO, denn so prachtvolle zivile Gotik ist einmalig.

Der Name zeugt von der großen Bedeutung, die Seide hier im 18. Jahrhundert spielte – von den damals 75.000 Einwohnern der Stadt waren 25.000 in der **Seidenindustrie** beschäftigt. In der Llotja wurde aber nicht nur Seide in großem Stil gehandelt, sondern auch andere typische Produkte wie Holz und Öl standen zum Verkauf.

Die Seidenbörse hatte im Laufe ihrer Geschichte viele Funktionen. So war sie eine Zeit lang eine **Militärkaserne**, dann ein **Pesthospital** und im Spanischen Bürgerkrieg (1936–39) ein paar Monate **Regierungssitz** der republikanischen Regierung, die vor Franco aus Madrid fliehen musste. Heute wird das Gebäude nur noch selten für **Konzerte** und **Preisverleihungen** genutzt, kann aber täglich besucht werden.

014va-srs

Die **Fassade** der Seidenbörse ist definitiv eine genaue Betrachtung wert: Es gibt zahlreiche **nichtchristliche Darstellungen**, so zum Beispiel am früheren Haupteingang Richtung Plaça del Mercat. In den Steinbögen kann man nackte Gestalten finden, Monster, Mischwesen aus Mensch und Tier. Ein Mann spielt zum Beispiel mit einer Schnecke (Symbol der Faulheit), ein anderer penetriert einen Baumstamm, ein Dritter zählt Geld an einem dreibeinigen Tisch (der Tisch hat also eine gewisse Schieflage und der Mann soll wahrscheinlich einen Juden darstellen, der Geld verleiht, was für Christen im Mittelalter strikt verboten war). All das sind Darstellungen von Sünden, die man nicht begehen sollte. Wenn man die Straße Plaça del Mercat links weitergeht, kommt man an vier Fenstern vorbei: Am ersten kämpft ein Mann mit einem Dämon, am dritten erleichtert sich einer in Richtung des Betrachters. Zusätzlich gibt es 28 teilweise verrückt aussehende Wasserspeier.

Der **Verhandlungssaal** ist die eigentliche Börse: Hier waren Tische aufgestellt und es wurde gehandelt. Beeindruckend sind die 17,40 m hohen **Palmen-Säulen**. Der Saal soll das Paradies darstellen: Im Mittelalter waren die Stämme/Säulen braun gestrichen, das Blattwerk oben an der Decke war grün vor einem dunkelblauen Nachthimmel mit goldenen Sternen. In 12 m Höhe umläuft ein **lateinischer Satz** den Saal, der die Händler dazu auffordert, saubere Geschäfte abzuschließen. Wenn sie das nicht taten, dann gab es gleich vor Ort ein Gefängnis im Turm. Der Eingang dazu befindet sich rechter Hand neben dem Garteneingang hinter einem Metallzaun (für Besucher nicht zugänglich).

Direkt neben dem Turmaufgang befindet sich die **Kapelle** der Seidenbörse. Heute ein Durchgang zum Meereskonsulat, war sie bis 1549 ein auf drei Seiten geschlossener Raum. Wenig ist von der christlichen Nutzung übriggeblieben. In den Ecken halten symbolisch die vier Evangelisten die Decke, das Himmelreich, jeweils symbolisiert durch einen Menschen (Matthäus) oder ein Tier (Markus – Löwe, Lukas – Stier, Johannes – Adler).

Ab dem 13. Jahrhundert gab es in Valencia das **Consolat del Mar** (Meereskonsulat). Diese juristische Institution beschäftigte sich mit Handelskonflikten, ähnlich einem heutigen Handelsgericht. Es ist eine der ältesten dieser Einrichtungen in Europa und tagte ab dem Beginn des 16. Jahrhunderts in zwei Sälen, die sich direkt neben der Seidenbörse befinden. Über eine Steintreppe geht es hinauf zum oberen Saal, der besonders durch seine vertäfelte und vergoldete Holzdecke von 1426 besticht. Original gehört sie nicht hierher – sie war eigentlich im alten Rathaus, das 1860 abgerissen wurde. Nach Jahren in einem Lagerhaus wurde sie den Dimensionen des Saales angepasst (Querbalken Nummer 2 und 22 sind Gipskopien) und hier im Jahr 1920 eingesetzt. Auf 670 Holzflächen werden Mythen, Heilige, Tiere und sogar Kinderspiele dargestellt.

› Carrer de la Llotja, 2, Tel. 962084153, geöffnet: Mo.–Sa. 10–19 Uhr, So. 10–14 Uhr, Eintritt: Erw. 2 €, Kinder bis 16 Jahre 1 €, So. freier Eintritt

◁ Die Säulen sollen an Palmen erinnern: der Verhandlungssaal der Seidenbörse

9 La Estrecha ★ [C3]

Für dieses Haus gibt es einen Eintrag im das Guinness-Buch der Rekorde: Es soll die **schmalste Fassade Europas** haben, so gebaut, um **Steuern zu sparen,** die früher nach Fassadenbreite berechnet wurden. Bei nur 107 cm wird es wahrscheinlich wirklich ziemlich eng – so eng, dass die frühere Bewohnerin gern erzählt, wie sie sich als Kind für ihre Kommunion auf der Straße anziehen musste. Ins Haus hätte der Reifrock nicht gepasst.

Vor Jahren hat der Besitzer des Hauses auf der rechten Seite das Gebäude „La Estrecha" („Die Schmalste") gekauft, teilweise die Wände zwischen beiden Häusern abgerissen und sie so miteinander verbunden. Das kann man unten in der **Bar** auch wunderbar bei einer Tapa und einem frischen Bier anschauen und über die Frage aller Fragen philosophieren: Ist sie es nun oder nicht? (Wahrscheinlich nicht, in Warschau steht seit 2012 ein Haus mit nur 92 cm Fassadenbreite.)

› **Bar La Estrecha,** Plaça de Lope de Vega, 9, tgl. 11–24 Uhr

015va-srs

10 Plaça Redona ★★ [C3]

Dieser ungewöhnliche runde Platz (daher der Name) hat einen Durchmesser von 37 m und existiert seit 1837. Hier war früher ein Markt für Fisch und Geflügel, heute findet man hier Geschäfte für **Souvenirs** und **Handarbeitsbedarf.** Obwohl er von 48 völlig unterschiedlichen Gebäuden umgeben ist, macht der Platz doch einen sehr einheitlichen Eindruck und manch einer mag aufgrund der Form denken, dass hier früher Stierkämpfe stattfanden. Es geht aber wesentlich gemütlicher zu: An Wochentagen findet man vormittags oft Damen, die sich mit ihren Handarbeiten (besonders interessant zu sehen ist das Klöppeln, die Herstellung von Spitze) gemeinsam an Tische setzen und den neusten Klatsch und Tratsch verbreiten.

An den Verkaufsständen sind sehenswerte Fotos zur Geschichte und Renovierung angebracht. Im kleinen Geschäft mit Atelier **Cerámica Colla Monlleó** (s. S. 83) werden Keramikwaren aus Valencia verkauft und es gibt ein paar gute **Bars** für Tapas, Pintxos und Agua de Valencia.

› Läden: Mo.–Fr. 10–20 Uhr, einige machen Mittagspause

‹ *Gerade mal 107 cm breit ist die angeblich schmalste Hausfassade Europas*

11 Iglesia de Santa Catalina ★ [C3]

Die Katharinenkirche ist fast komplett von Häusern umgeben. Die Bauweise sieht man heute nicht mehr sehr oft, sie war aber zu früheren Zeiten eine kostengünstige und schnelle Variante. Jede bereits bestehende Wand wurde genutzt, auch die der Kirchen. Vielerorts wurden diese „Häuser-Anbauten" inzwischen aus ästhetischen Gründen abgerissen.

Die **gotische Kirche** aus dem 14. Jahrhundert wurde während des Spanischen Bürgerkriegs (1936–1939) so schwer zerstört, dass man über ihren kompletten Abriss nachdachte. Sie wurde dann aber doch restauriert. Da sie im Inneren nur wenig dekoriert ist, kann man die gotischen Strukturen deutlich erkennen.

Der 56 m hohe, sechseckige **barocke Kirchturm** (1705) kann bestiegen werden. Man erzählt sich, dass der Baumeister ihn zunächst ohne Treppe baute, denn sie war in den Kostenvoranschlägen nicht eingeplant. Die Gemeinde ging fast bankrott, als sie nach Fertigstellung des Turms noch Geld für eine Wendeltreppe im Inneren zusammenkratzen musste.

› Plaça de Santa Catalina, Tel. 963917713, geöffnet: Mo.–Sa. 10.30–13.30 u. 17.30–19.30 Uhr, Eintritt Turm: 2 €, ermäßigt 1 €

Eine runde Sache: die Plaça Redona aus der Vogelperspektive

KLEINE PAUSE

Die erste Horchata

Im Traditionshaus **Horchatería Santa Catalina** (s. S. 77) im Stadtzentrum bekommt man das Traditionsgetränk der Stadt: Das wunderschön mit Fliesen dekorierte Café ist auf *Horchata* (Erdmandelmilch) spezialisiert, die man am besten mit einem *Fartón* (eine Gebäckstange) bestellt. Die Horchatería hat aber auch heiße Schokolade mit *Churros* oder Erfrischungsgetränke zu bieten.

12 Palau del Marqués de Dosaigües ★ [C3]

Dieser **Rokoko-Stadtpalast** ist einer der schönsten der Stadt. Er beherbergt neben den herrschaftlichen Wohnräumen der Marqués (Markgrafen) de Dosaigües heute auch das **Museo Nacional de Cerámica y Artes Suntuarias „González Martí".**

Auf den Familiennamen der früheren Besitzer nimmt das beindruckende **Eingangsportal** von 1745 Bezug. „Dosaigües" bedeutet „Zwei Wasser" (die Grafschaft lag zwischen zwei großen Flüssen) und so wird dann auch die Macht und Kraft des Wassers dargestellt. Zwei männliche Figuren repräsentieren die beiden mächtigsten Flüsse der Valencianischen Gemeinschaft: Túria und Júcar. Das Wasser schafft Leben (dargestellt durch Obst, Palmen) und zerstört es (Pfeile, Krokodile).

Im Inneren sind im Erdgeschoss und im ersten Stock zunächst die historischen **Räume der Markgrafen** zu finden. Hervorzuheben sind die goldenen Kutschen, das Chinesische Zimmer und der große Ballsaal.

Im zweiten und dritten Stock befinden sich die **Sammlungen zum Thema Keramik.** Sie ist seit Jahrhunderten eng mit der Geschichte Valencias verbunden, man muss nur an die zahlreichen Fliesen-Dekorationen an den Gebäuden der Stadt denken (Trencadís, s. S. 14). In diesem Museum lernt man nicht nur viel über ihre Geschichte der Herstellung und Dekoration, sondern auch vieles über den Gebrauch und die Kul-

Los Borgias – die Valencianischen Päpste

Der wohl berüchtigtste aller Päpste war Valencianer: Alexander VI., mit zivilem Namen Rodrigo de Borgia (1431-1503) oder besser gesagt „Borja". So lautete der ursprüngliche Familienname, der kurzerhand der italienischen Schreibweise und Aussprache angepasst wurde. Über ihn gibt es unzählige Bücher, TV-Serien und Filme. Schon sein Onkel wurde unter der Namen Calixto III. Papst (1378-1458). Beide wurden in der Nähe von Valencia geboren und waren Bischöfe der hiesigen Kathedrale. Calixto III. holte seinen jungen Neffen Rodrigo in den Vatikan und überhäufte ihn mit Ämtern.

Als Rodrigo 1492 Papst wurde, hatte er bereits zahlreiche Kinder und scheute sich nicht davor, jedes Mittel zu nutzen, damit seine Familie prosperierte: Man sagt ihm Mord, Inzest, Ämterkauf, Diebstahl und vieles mehr nach. Besonders seine Tochter Lucrecia liebte er sehr - aber auch sie wurde dreimal verheiratet: Die erste Ehe wurde ungültig gesprochen, als der Ehemann nicht mehr von Nutzen war, der zweite Ehemann wurde ermordet.

Nie vergaßen die beiden Päpste ihre Heimat: Viel Geld gelangte nach Valencia, man spricht vom Goldenen Zeitalter. Alexander VI. ließ unter anderem den Altar der Kathedrale 14 renovieren und sich von italienischen Künstlern als einer der musikalischen Engel in der Kuppel verewigen - es ist die erste Renaissance-Malerei in Spanien. Alexanders Urenkel ist der heilige Francisco de Borja (1510-1572), der von Goya in der Kathedrale auf zwei Bildern verewigt wurde.

turgeschichte. Hier gibt es zum Beispiel die sogenannten *Mancerinas* zu sehen, filigrane Tässchen, aus denen man im 18. Jahrhundert heiße Schokolade trank. Beeindruckend ist auch die Valencianische Küche mit Fliesen und Kacheln, einer Feuerstelle und vielen Details, an denen man sich gar nicht sattsehen kann. Außerdem kann man eine neue Seite von Pablo Picasso entdecken: Fünf seiner Keramikarbeiten (er hat etwa 4000 hergestellt) sind hier ausgestellt.

Im Erdgeschoss und im vierten Stock gibt es zudem **Wechselaustellungen** zu zahlreichen Keramikthemen zu sehen (Junge Künstler, Privatsammlungen usw.).

› **Museo Nacional de Cerámica y Artes Suntuarias „González Martí“**, Carrer del Poeta Querol, 2, Tel. 963516392, www.mecd.gob.es/mnceramica, geöffnet: Di.-Sa. 10–14 u. 16–20 Uhr, So. 10–14 Uhr, Eintritt: 3 €, ermäßigt 1,50 €

13 Alte Universität (La Nau) ★ [D4]

Den etwas merkwürdigen Namen „La Nau“ („Das Schiff“) trägt die Alte Universität von Valencia, weil sie auf einer Seite an die Straße Carrer de la Nau angrenzt, in der es früher zudem ein Restaurant mit dem selben Namen gab. Gegründet wurde die „Universitat de Valencia“ im Jahr 1499.

Interessant ist der **Brunnen** (1964), der sich an der Fassade Richtung Plaça del Col-legi del Patriarca befindet. Er zeigt Statuen (von links nach rechts) von Vicente Blasco García (früherer Rektor), dem Valencianischen Papst Alexander VI., einer weiblichen Darstellung der Weisheit und dem Königspaar Fernando von Aragon und Isabel von Kastilien, die im 15. Jh. Spanien einten.

Der **Innenhof** der Universität ist als Klostergang angelegt. In der Mitte steht eine Statue des Humanisten Juan Luis Vives, der 1492 in Valencia geboren wurde, der Stadt aber mit 17 Jahren für immer den Rücken kehrte und in Paris studierte. Er schrieb seine großen Lehren in England und Brüssel, wo er 1540 starb.

Seit 1987 findet in der Alten Universität kein Unibetrieb mehr statt, denn es gibt einen **neuen Campus** im Norden der Stadt. In den zahlreichen Sälen und der hauseigenen Kapelle des alten Gebäudes werden **Wechselausstellungen**, **Vorträge** und **Konzerte** veranstaltet.

› Carrer de la Universitat, 2, Tel. 963864377, www.uv.es/cultura, geöffnet: Di-Sa. 10–14 u. 16–20 Uhr, So. 10–14 Uhr, Eintritt: frei

14 Kathedrale (La Seu) ★★★ [C2]

Die Kathedrale ist wie so viele spanische Kirchen der heiligen Jungfrau Maria geweiht. Der Besucher kann hier Erstaunliches finden: die ersten Renaissance-Malereien Spaniens, Reliquien, zwei Bilder von Goya und den Heiligen Gral.

An der Stelle der Kathedrale stand zu muslimischen Zeiten die Hauptmoschee. Der Legende nach riss der Conquistador Jaume I. (s. S. 20) sie in wenigen Stunden mit einem Silberhammer persönlich ab. Im Jahr 1262 begann der Bau der Kathedrale, der mehrere Jahrhunderte dauerte.

Die Kathedrale hat drei **Eingänge**. Der älteste (etwa von 1270) ist im **romanischen Stil** (Rundbögen) gestaltet und befindet sich in Richtung des **Erzbischöflichen Palasts**, der durch eine kleine Brücke mit der Kathedrale verbunden ist (Plaça de L'Almoina). Wenn

017va-srs

man über die Tür zum Sims schaut, kann man 14 Steinköpfe erkennen. Einer Legende nach handelt es sich um sieben christliche Paare, die mit Jaume I. aus dem Norden kamen, um die Stadt nach der Reconquista neu zu bevölkern (man findet sie auch im Buntglasfenster darüber). Sie wurden von 300 Jungfrauen begleitet, die sich hier mit den christlichen Soldaten Jaumes verheirateten. Vielleicht sind die Steinköpfe aber auch einfach nur Abbildungen von Mäzenen, die besonders viel für den Bau der Kathedrale gespendet haben, in der Hoffnung, nach dem Tod ins Himmelreich zu kommen.

An der Plaça de la Mare de Déu befindet sich die **gotische Eingangstür** (14. Jahrhundert), auch Aposteltor genannt. Hier findet jeden Donnerstag um 12 Uhr das Tribunal de les Aigües statt (s. S. 32). Die Statuen der Heiligen an dieser Tür sind aufgrund der Steinqualität in einem schlechten Zustand, teilweise sind die Originale im Museum der Kathedrale zu finden. Einigen Aposteln fehlt der Kopf, weil er im Bürgerkrieg abgeschlagen wurde. Das beindruckende Rosettenfenster (Durchmesser 6,45 m) zeigt einen Davidstern, was für eine christliche Kirche eher ungewöhnlich ist. Damit wird eventuell auf die Herkunft Jesu aus dem Hause Davids verwiesen.

Konrad Rudolf, ein österreichischer Baumeister, war für die Bauarbeiten des dritten, **barocken Eingangs**, der Richtung Plaça de la Reina zeigt, zuständig (ab 1703). An der 36 m hohen Fassade kann man neben weiteren Heiligen unter anderem eine Statue des Valencianischen Schutzpatrons San Vicente Ferrer entdecken (auf der Fassade direkt neben Kirchturm stehend; er streckt seinen „Wunderfinger" in die Luft, s. S. 30) und neben dem Ovalfenster zwei Medaillons mit den Köpfen der beiden Valencianischen Päpste Calixto III. (links) und Alexander VI. (rechts, s. S. 26).

Die Plaça de la Mare de Déu 16 *mit Kathedrale* 14 *(Mitte) und Basilika* 17 *(links)*

Die kleine Brücke verbindet den Erzbischöflichen Palast mit der Kathedrale

Nachdem man durch diesen Eingang die mächtige Kathedrale betreten hat, sollte man sich rechts halten und zunächst den Kapitelsaal besuchen. Hier befindet sich ein Gefäß, von dem behauptet wird, es sei der mystische **Heilige Gral:** Jesus soll beim letzten Abendmahl aus ihm getrunken haben und einige seiner Blutstropfen sollen darin aufgefangen worden sein, als er am Kreuz hing. Der Gral soll demjenigen, der aus ihm trinkt, ewiges Leben und Wissen schenken. Über Umwege soll das Gefäß angeblich seinen Weg nach Spanien gefunden haben. **Alfonso der Großmütige**, König von Aragon, überließ ihn im Jahr 1437 der Kathedrale und erhielt im Gegenzug 40.000 Dukaten. Das Geld benötigte er dringend, um seine Kriege in Italien fortführen zu können.

Bei dem eigentlichen „Gral" handelt es sich nur um die obere Schale aus rötlich-braunem Achat-Kristall, der Fuß und alle weiteren Dekorationen wurden im Mittelalter hinzugefügt. Seit 1744 darf das Gefäß nur noch von den Päpsten benutzt werden, wenn sie in Valencia Messe halten: Damals zerbrach es während eines Gottesdienstes und musste repariert werden.

In diesem **Kapitelsaal** sind außerdem die dicken Metallketten interessant, die hier an der Wand hängen. Sie sollten eigentlich den Hafen von Marseille vor Eindringlingen schützten, aber als die Valencianer 1423 eine Schlacht gegen die Franzosen gewannen, nahmen sie die Ketten als Souvenir mit.

Barocke Pracht schmückt den **Hauptaltar**, der gotischen Ursprungs ist. **Im Turm über dem Hauptaltar** befinden sich 12 große Malereien, die musikalische Engel vor dunkelblauem Hintergrund mit goldenen Sternen darstellen. Bis 2004 waren sie durch eine barocke Holzverkleidung verdeckt, nur durch Zufall fand man die Malereien bei Bauarbeiten wieder. Sie sind von 1483 und damit in Spanien eine der ersten Renaissance-Arbeiten überhaupt. Bezahlt wurden sie vom zukünftigen Valencianischen Papst Alexander VI., der sich – angeblich – ebenfalls verewigen ließ: Sein Gesicht soll das des Engels mit dem hornähnlichen Instrument auf der rechten Seite sein.

Alexander VI. war Mitglied der Adelsfamilie Borja (italienisiert **Borgia**), deren Kapelle sich auf der rechten Seite des Hauptschiffs befindet. Der Valencianische Familienname bedeutet übersetzt „Ochse" und man kann das Tier im kleinen Wappen (über dem Gemälde, das nicht von Goya ist) finden. Der berühmte spanische Maler **Goya** (1746–1828) schuf 1790 zwei Auftragsarbeiten für die Kapelle, die dem einzigen Heiligen der Familie gewidmet ist: Linker Hand sieht man San Francisco de Borja (1510–1572), wie er von seiner Familie Abschied nimmt, um zum Vatikan zu reisen, und rech-

018va-srs

San Vicente Ferrer – katholischer Wunderheld

Vicente Ferrer (1350–1419) wurde im Jahr 1455 vom Valencianischen Papst Calixto III. heiliggesprochen – genau wie es der Dominikanermönch dem späteren Papst als Kind vorhergesagt hatte: „Du wirst Papst und mich heiligsprechen.“

San Vincente ist der Heilige der Katholischen Kirche, der am meisten Wunder vollbracht hat: 872 sollen es gewesen sein (zur Heiligsprechung reichen eigentlich zwei), mindestens 28 davon Wiederauferstehungen.

Heute ist San Vicente der Schutzpatron der Stadt und des Bundeslands Valencia. Man kann sein Abbild überall in der Stadt finden, zum Beispiel im barocken Eingangsportal der Kathedrale ⓮, direkt neben dem Kirchturm ⓯. Zu erkennen ist er ganz leicht, denn er streckt stets seinen rechten Zeigefinger gen Himmel – es ist sein Wunderfinger.

Sein Feiertag ist der Montag nach Ostermontag. An diesem Tag bauen die Kinder von Valencia überall in der Stadt Altare auf, die teilweise aus dem 16. Jahrhundert stammen, und spielen auf Valencianisch einige von San Vicentes Wundern nach.

ter Hand, wie er einen Sterbenden vor Dämonen schützt, die seine Seele rauben wollen.

Im **Museum** der Kathedrale steht direkt am Eingang die über und über mit Gold verzierte **Monstranz der Armen** aus dem Jahr 1955 (Aufbewahrungsort der Heiligen Hostie). Im Spanischen Bürgerkrieg wurde ihre Vorgängerin von den Republikanern zerstört. In den schweren Nachkriegsjahren gaben die armen Valencianer ihr letztes Silber und Gold (sogar Eheringe und goldenen Zahnersatz), um dieses Prachtwerk entstehen zu lassen. Sie ist weltweit die größte Monstranz ihrer Art und besteht aus 600 kg Silber und 75 kg Gold. Einmal im Jahr verlässt sie während der Prozession an Fronleichnam die Kathedrale.

› Plaça de l'Almoina, Tel. 963918127, www.catedraldevalencia.es/de, geöffnet: Mo.–Sa. 10–18.30 Uhr, So. 14–18.30 Uhr (Nov.–März jeweils bis 17.30 Uhr), Eintritt: Erw. 7 €, Kinder 5–12 Jahre 5,50 €, (deutscher) Audioguide inklusive. Die Kathedrale kann wegen Gottesdiensten geschlossen werden.

⓯ Kirchturm (Micalet) ★★★ [C2]

Wenn man den Kirchturm erstmal erklommen hat, wird man mit der wohl besten Aussicht über die Dächer der Stadt belohnt.

Der „Michel“ (gebaut zwischen 1381 und 1425), wie man den Namen des Kirchturms vielleicht übersetzen könnte, hat in den Herzen der Valencianer einen besonderen Platz. Er ist heute mit der Kathedrale verbunden. Bis zum 15. Jahrhundert war er allerdings freistehend. Über 207 Stufen gelangt man auf die 51 m hoch gelegene Aussichtsplattform und hat von hier einen **herausragenden Blick** über ganz Valencia. Die **Micalet-Glocke** ist mit 7,5 t eine der schwersten von ganz Spanien. Sie schlägt zu jeder vollen Stunde mit unvergleichlich vollem Klang.

› Plaça de la Reina, Tel. 963918127, geöffnet: Mo.–Sa. 10–19.30 Uhr (Nov.–März bis 18.30 Uhr), So. 10–13 u. 17.30–19.30 Uhr (Nov.–März bis 18.30 Uhr), Eintritt: Erw. 2 €, Kinder 1 €

16 Plaça de la Mare de Déu (Plaza de la Virgen) ★★★ [C2]

Eine Taube sitzt auf dem Haupt des Herrn in der Springbrunnenmitte, auf den sonnigen Terrassen genießen Besucher ein paar Gläser Bier und ein als Pirat verkleideter Straßenkünstler lässt sich gegen ein kleines Entgelt fotografieren. Die Plaça de la Mare de Déu (auf Kastilisch Plaza de la Virgen genannt), umrandet von Kathedrale, Basilika und einem kleinen Orangengarten, ist wohl der beliebteste Platz der Stadt und zu jeder Tages- und Nachtzeit einen Besuch wert.

Der **Orangengarten** ist ein Geheimtipp für alle, die mitten in der Stadt ein ruhiges Plätzchen suchen. Hier stand bis ins 19. Jahrhundert das Alte Rathaus, das wegen seines maroden Zustands abgerissen wurde. An den Garten grenzt der gotische **Palau de la Generalitat**, der Regierungssitz des Bundeslands Comunitat Valenciana (Valencianische Gemeinschaft). Auf dem Dach, direkt neben den Flaggen der EU, Spaniens und der Comunitat Valenciana, stehen ungewöhnliche Metallstrukturen, die fast so aussehen wie Körbe: Das sind die historischen Blitzableiter der Generalitat.

Auf dem Platz zieht der **Springbrunnen** (1976) alle Blicke auf sich. In der Mitte liegt Herr Túria, der den gleichnamigen Valencianischen Fluss symbolisiert, und um ihn herum stehen acht Damen mit Krügen, aus denen Wasser fließt: Sie stellen die acht großen Bewässerungskanäle des Umlands dar. Am jeweiligen Sockel kann man den Namen des Kanals lesen. Eng verbunden ist der Springbrunnen mit einem wichtigen Ereignis, das hier seit 1000 Jahren jeden Donnerstag stattfindet: das Tribunal de les Aigües.

019va-srs

⌂ *Bietet die beste Aussicht über die Stadt: der Micalet*

020va-srs

⌂ *Fliesenmosaik der „Buckligen" – Schutzpatronin der Stadt (s. S. 32)*

Tribunal de les Aigües

Wer an einem Donnerstag in der Stadt ist, sollte auf keinen Fall das Wassergericht auf der Plaça de la Mare de Déu ⑯ *verpassen. Es findet seit über 1000 Jahren statt, ist muslimischen Ursprungs und gilt als älteste Rechtsinstitution Europas.*

Das Gericht reguliert die Verteilung und die Nutzung des Wassers aus dem Fluss Túria auf den Feldern rund um die Stadt. Über acht große Bewässerungskanäle wird das Wasser zu den Bauern geleitet. Jeder Kanal hat einen gewählten Abgeordneten. Jeden Donnerstag setzen sich diese acht Wasserrichter um Punkt 12 Uhr an das Apostelttor der Kathedrale ⑭. *Sie haben einen Wortführer dabei, der nun auf Valencianisch in die Menge fragt, ob jemand Probleme mit der Wasserversorgung habe. Wenn sich jemand meldet, wird der Fall öffentlich verhandelt.*

Die Richter fällen gemeinsam ein Urteil, gegen das kein Widerspruch eingelegt werden kann. Es ist laut spanischer Verfassung rechtsgültig, die das Wassergericht und seine Urteile unter besonderen Schutz stellt. Im Jahr 2009 erkannte das auch die UNESCO als Immaterielles Weltkulturerbe an.

Heute gibt es aufgrund guter Staudämme immer weniger Probleme. Die Wahrscheinlichkeit ist daher gering, dass man einen Prozess mitbekommt. Trotzdem ist der Besuch lohnenswert.

⑰ Basílica de la Mare de Déu dels Desemparats ★★★ [C2]

Viele Spanier sind heute nicht mehr so religiös wie zu Zeiten der Diktatur unter General Franco. Manche Kirche bleibt am Sonntagmorgen bis auf ältere Gläubige leer. Ganz anders ist das Bild zu fast jeder Tageszeit in der Kirche der Schutzpatronin der Stadt, der „Mutter aller Valencianer“: Egal, wann man sie betritt, es sind immer Leute hier, die ihre „Maria der Schutzlosen“ anbeten. Fast stündlich ist Gottesdienst. Das Marienbild, das hier verehrt wird, steht im Hauptaltar.

Die „Mare de Déu“ (Mutter Gottes) besitzt über 200 Mäntel, die sie je nach religiösem Anlass wechselt. Oft kommt ein Frisör und legt ihre Locken aus Echthaar neu. Zärtlich nennen die Valencianer sie auch **„die Bucklige“**: Ursprünglich war sie eine liegende Statue mit Kissen unter dem Kopf, deshalb neigt sie heute leicht ihren Kopf zu den Gläubigen, wodurch sich ein kleiner Buckel formt. Gelegentlich wird die Jungfrau um ihre eigene Achse gedreht, in Richtung ihres Kämmerchens, das sich hinter dem Altar befindet. Das ist eine Art Rückzugsort und intimer Gebetsraum, zu dem eine Treppe hinaufführt.

Die Basilika ist rechteckig, aber der **Gebetssaal** ist oval. Dadurch entsteht eine intime Atmosphäre. Das **Deckenfresko** hat eine Breite von 18,75 m und wurde ab 1701 von Antonio Palomino (1653–1726) geschaffen. Es stellt den göttlichen Himmel dar: In der Nähe des Altars sieht man die Heilige Dreifaltigkeit mit Gott, Jesus und dem Heiligen Geist, dargestellt durch eine weiße Taube. Das Zentrum bilden musikalische Engel und Gruppen verschiedener Heiliger: Jungfrauen, Märtyrer, Apostel usw.

Von Montag bis Samstag wird um 13 Uhr eine besondere Messe gefeiert, die vom **Knabenchor L'Escolanía de la Mare de Déu** musikalisch begleitet wird. Die Basilika hat zudem ein Museum zum Kult um die Jungfrau und am 17. und 18. März findet die „Ofrenda" statt, bei der Tausende Valencianerinnen in Tracht ihrer Jungfrau einen Nelkenstrauß schenken (s. S. 17).

Falls die Basilika geschlossen sein sollte: Unter der Brücke, welche die Basilika und die Kathedrale verbindet, sind in der Tür Gitterfenster eingelassen, durch die man einen Blick auf die Jungfrau werfen kann.

› Plaça de la Mare de Déu, Tel. 963919214, www.basilicadesamparados.org, geöffnet: tgl. 8.15–14 und 17–21 Uhr

18 Iglesia San Nicolás ★ [B2]

„Sixtinische Kapelle Valencias" wird diese Kirche auch genannt. Die **barocken Malereien** im Innenraum wurden bis zum Jahr 2015 aufwendig restauriert und erstrahlen nun im neuen Glanz. Dargestellt werden in 12 Abschnitten das Leben und die Wunder der beiden Heiligen, die der Kirche ihren kompletten Namen geben: **San Nicolás** und **San Pedro der Märtyrer.** So sieht man zum Beispiel auf der rechten Seite mit Blick auf den Altar im zweiten Abschnitt, wie Sankt Nikolaus drei Jungfrauen einen Sack voll Gold schenkt. Ihr Vater konnte sich die Aussteuer der Mädchen nicht leisten und wollte sie daher prostituieren. Diese Geste gilt als einer der Ursprünge des Nikolausgeschenks im Stiefel.

Das **Deckengemälde** wurde ab 1690 innerhalb von drei Jahren von Antonio Palomino, der auch für die Malereien in der Basílica de la Mare de Déu 17 verantwortlich war, und seinem Schüler Dionís Vidal (1670–1719) geschaffen. Die beiden setzen sich auch selbst ein kleines Denkmal: Man kann sie über dem Holztor gegenüber dem Hauptaltar auf der rechten Seite ins Gespräch vertieft sehen.

Der Eingang zur Kirche ist etwas schwierig zu finden. Es gibt lediglich einen kleinen Durchgang auf der linken Seite der Carrer Cavallers (von der Plaça de la Mare de Déu kommend), etwa auf Höhe des Bleisoldatenmuseums (s. S. 59).

› Carrer dels Cavallers, 35, Tel. 963913317, www.sannicolasvalencia.com, geöffnet: Di.–Fr. 10.30–19 Uhr, Sa. 11–18.30 Uhr, So. 13–19 Uhr, Eintritt: 5 €, ermäßigt 4 €

021va-srs

Fast 2000 m² Fläche nimmt das Deckengemälde in der Kirche San Nicolás ein

⑲ Torres de Quart ★ [A2]

Das **Stadttor** ist Teil der mittelalterlichen Stadtmauer, die ab 1865 abgerissen wurde. Es besteht aus zwei mächtigen Türmen *(torres)*, verbunden durch eine Plattform über dem eigentlichen Durchgang. Ein Mauerstück, das zur früheren Stadtmauer gehört, kann man neben dem Tor noch heute sehen. Der Name Quart bezieht sich auf das gleichnamige Dorf, das „at quartum millarium" (4 römische Meilen, ca. 6 km) entfernt liegt.

Der Bau begann 1441 und dauerte immerhin 25 Jahre. Im Juni 1808 griffen napoleonische Truppen die Stadt von hier aus an – davon zeugen auch heute noch die Einschlaglöcher auf der Quart-Seite: Es sind 132 von Kanonen und etwa 1000 von Gewehren.

Von der **Aussichtsplattform** auf 34 m Höhe hat man einen fantastischen Blick über die Stadt und in Richtung Westen.

› Plaça de Santa Úrsula, 1, Tel. 6188039907, geöffnet: Mo.–Sa. 10–19 Uhr, So. 10–14 Uhr, Eintritt: Erw. 2 €, Kinder bis 16 Jahre 1 €, So. freier Eintritt

KLEINE PAUSE

Plaça del Carme

Mitten im gleichnamigen Stadtviertel liegt die Plaça del Carme, benannt nach einem Kloster, das sich dort befand. Heute ist hier das **Centre del Carme** (s. S. 58) untergebracht, ein Kulturzentrum, in dem vor der Kulisse fantastischer Gotik-Architektur wechselnde Ausstellungen gibt. Am Platz finden sich zahlreiche Cafés und Restaurants. Für eine kleine Pause ist das Cafe Museo empfehlenswert:

❷2 [B1] **Cafe Museo** €€, Carrer del Museu, 7, Tel. 960725047, geöffnet: Mo.–Fr. 9–1 Uhr, Sa. u. So. 11–1.30 Uhr, WLAN

⑳ Torres dels Serrans ★★★ [C1]

Eines der unverkennbaren Symbole Valencias: Mächtig erheben sich die Torres dels Serrans am heute trockengelegten Túria-Fluss. Dieses Stadttor war mit Abstand das wichtigste der zwölf, die im Mittelalter den Zugang zur ummauerten Stadt erlaubten. Es wurde zwischen 1392 und 1398 zum militärischen Schutz der Stadt und als Haupteingangstor gebaut. Es gab ab römischer Zeit an dieser Stelle einen Hafen. Davon zeugt auch heute noch eine Laderampe aus dem Mittelalter auf der rechten Seite der Brücke. An den Torres dels Serrans wurden auch Warenzölle und Wegesteuern eingenommen.

Wenn man von der **Pont dels Serrans** (1550), der vorgelagerten Brücke, auf das Tor zukommt, kann man den **militärischen Nutzen** klar erkennen. Hohe Türme, Graben, Spähplattformen und ein paar Schießscharten: Alles erinnert an eine Bastion. Über dem Torbogen sind die **Wappen** des Königreichs (Drache und Helm) und der Stadt Valencia (Krone und vier Streifen) angebracht.

Bevor man zur riesigen Holztür gelangt, die früher jeden Abend bei Sonnenuntergang geschlossen wurde, passiert man ein **Gittertor**, dass bei Angriff heruntergelassen wurde. Interessant ist auch die Öffnung in der Decke, die sich direkt dahinter befindet – von hier konnten die Soldaten heiße Flüssigkeiten auf Angreifer schütten. Das Tor wurde übrigens niemals eingenommen, kriegerische Handlungen fanden immer woanders statt, z. B. an den Torres de Quart ⑲.

Wenn man das Tor **von der Stadtseite aus** betrachtet, bietet sich ein völlig anderer Anblick: offene Balkone

022va-srs

statt Bastion. Hier betraten früher die meisten Besucher die Stadt und darunter war auch der eine oder andere „VIP" (Könige, Päpste usw.), der dann vom Mittelbalkon aus zunächst die Einwohner der Stadt begrüßte.

Über 300 Jahre lang war das **Stadtgefängnis** in den Torres dels Serrans untergebracht. Damals waren die Balkone natürlich zugemauert. Diese Nutzung rettet das Gebäude vor dem Abriss, als es 1865 der Stadtmauer und 10 anderen Toren an den Kragen ging.

Der **Aufstieg** auf das Tor lohnt sich, man hat einen fantastischen Blick über die Altstadt und den Túria-Park bis hin zur CAC (s. S. 40).

› Plaça dels Furs, Tel. 963919070, geöffnet: Mo.-Sa. 10-19 Uhr, So. 10-14 Uhr, Eintritt: Erw. 2 €, Kinder bis 16 Jahre 1 €, So. Eintritt frei

Gotisches Wahrzeichen: das Stadttor Torres dels Serrans

21 Mercado de Colón ★★★ [E4]

Als die Stadt ab der Mitte des 19. Jahrhunderts immer weiter über die früheren Stadtmauern hinauswuchs, war es für die Bewohner des neuen Ensanche-Viertels („Erweiterung") einfach zu weit zum Mercat Central 6. Deshalb baute man 1917 in nur 90 Tagen diesen wunderschönen Markt im Stil des Valencianischen Modernismus: an den Seiten offen, mit viel Fliesendekor und riesigen Metallbögen.

Auf keinen Fall sollte man die Fassade Richtung Carrer de Jorge Juan verpassen, an der sich früher der Haupteingang befand. Sie ist mit **Keramik** und **farbenfrohen Fliesen** dekoriert, die (fast) alles darstellen, was hier damals verkauft wurde: unter anderem Orangen, Weintrauben und Fische, präsentiert von Valencianern in Tracht. Wer ganz genau hinschaut, findet auch einen Ochsenkopf und ein paar Enten.

Heutzutage wird das Gebäude nicht mehr als Markt genutzt, sondern ist ein beliebter **Treffpunkt mit Bars,**

Cafés und Restaurants. Hier kann man sowohl Túria, das Bier von Valencia trinken, als auch eine *Horchata* mit *Fartón* probieren. Im unteren Geschoss befinden sich die Restaurants, zum Beispiel das Habitual (s. S. 72) von Ricard Camarena, einem Valencianischen Sternekoch, oder das Ma Khin Café (s. S. 75), das moderne Küche mit thailändischem Einfluss bietet.

› Carrer de Jorge Juan, 19, Tel. 963371101, http://mercadocolon.es, Metro 3, 5, 7, 9: Colón

Rund um das Zentrum

Túria heißt der Fluss, der Valencia durchzieht. Allerdings zeigt schon ein kurzer Blick auf den Stadtplan (hier ist er grün eingezeichnet), dass dem Fluss etwas ganz Essentielles abhanden gekommen ist – nämlich das Wasser! Im **trockengelegten Flussbett** findet man die **Ciutat de les Arts i les Ciències** (CAC, s. S. 40), die „Stadt der Künste und Wissenschaften", mit ihrer beeindruckenden futuristischen Architektur. Und dann geht es endlich ans Mittelmeer. Valencia hat sehr schöne **Stadtstrände**, wo man an der Promenade spazierengehen, zu Fisch und Paella einkehren und natürlich baden kann. Oder man taucht in die Gassen der **Fischerviertel** mit ihren ungewöhnlichen **Keramikhäusern** ein.

Früher Stadtteilmarkt, heute Treffpunkt mit Restaurants und Bars: der Mercado de Colón 21

Das Stadtwappen ist allgegenwärtig: hier im Park Turia

Valencianischer Modernismus

Geschwungene Linien, viel Glas, Metall und Keramik, das sind wichtige Elemente des „Jugendstils auf Valencianisch“. Einige der schönsten Gebäude der Stadt sind in diesem Stil gebaut worden, so zum Beispiel der Bahnhof Estació del Nord 1 und die Märkte Mercado de Colón 21 und Mercat Central 6.

Zu Beginn des 20. Jh. erfanden Architekten wie Francisco Mora y Berenguer eine neue Bauweise, die mit Althergebrachtem (Rationalität, wenig Farbe, wenig Dekoration) brach und neue Elemente einführte. Eine wichtige Inspirationsquelle war die Horta Valenciana, das Gartenland um Valencia: Ihre Fülle an Obst und Gemüse, die schönen (Bauers-)Frauen in traditionellen Fallera-Trachten und auch Fischerszenen sind immer wieder Thema. Besonders hervorgehoben werden muss die Orange – sie verziert zahlreiche Fassaden. Durch sie gab es in Valencia großen Reichtum und mit den Export-Gewinnen wurden viele Gebäude des Valencianischen Modernismus finanziert.

22 Fluss-Park Túria ★★★ [C1]

Aus einem Fluss, der immer wieder über die Ufer trat und Verwüstung anrichtete, entstand durch Trockenlegung die grüne Lunge der Stadt und ein beliebter Treffpunkt.

Der 14. Oktober 1957 ist einer der tragischsten Tage in der Geschichte Valencias: Nach schweren Regenfällen trat der Fluss Túria in zwei gewaltigen Flutwellen über seine Ufer, riss Brücken mit sich, überflutete große Teile der Stadt und tötete an die 100 Personen. Immer wieder wurde Valencia im Laufe der Zeit von Wassermassen überflutet. Man versuchte ab dem 15. Jahrhundert, sich durch den Bau einer Flussmauer zu schützen. Nach der Katastrophe von 1957 entschieden die Regierungen von Spanien und Valencia dann aber, den **Flussverlauf zu ändern:** Seit den 1960er-Jahren wird das Wasser etwa 9 km flussaufwärts in einen Kanal geleitet, der südlich von Valencia verläuft. Man kreuzt den neuen Kanal, wenn man vom Flughafen in die Stadt fährt. Meist ist aber auch er trocken, denn das Süßwasser wird in Stauseen im oberen Flussverlauf aufgefangen.

Zunächst wollte man im **trockenen Flussbett** eine Autobahn bauen, die den Hafen mit dem Flughafen und der Autobahn nach Madrid verbunden hätte, aber die Bürger Valencias währten sich erfolgreich gegen dieses Projekt. So wurde letztendlich

023va-srs

ein wunderbarer **verkehrsfreier Park** angelegt, die grüne Lunge der Stadt. Hier gibt es heute Fußball-, Rugby- und Baseballplätze, Skateparks, eine Minigolfanlage, eine 5-Kilometer-Strecke für Läufer, Fahrradwege usw.

Viele **Fiestas** und **Feuerwerke** werden hier zelebriert, meist zwischen der Pont de les Flors 25 und der Metrostation Alameda [F3]. Irgendetwas ist immer los. Egal ob Tanzvereine, Musiker, Cosplay-Gruppen, Yogafans – alle lieben es, sich im Fluss zu treffen. Es gibt auch einen kleinen **Zug**, der ab der Ciutat de les Arts i les Ciències durch den Fluss fährt (Trenes Turísticos, s. S. 120). Ja, die Valencianer sprechen tatsächlich weiterhin vom „Fluss", auch wenn der schon lange kein Wasser mehr führt.

23 Königliche Gärten (Jardins del Reial) ★ [E1]

Vielleicht ist es dem einen oder anderen Leser schon aufgefallen: Valencia hat weder eine Burg noch ein Schloss. Es gibt herrschaftliche Anwesen in der Altstadt, aber keinen Königssitz. Wenn die spanischen Könige heutzutage nach Valencia kommen, übernachten sie in ihrer Residenz in einem Kloster etwa 10 km nördlich der Stadt. Aber es gibt diesen schönen **Park**, der „Königliche Gärten" heißt: Hier stand bis 1810 die **Ruine einer mittelalterlichen Burg**. Sie wurde abgerissen, weil man dachte, dass sich hier die napoleonischen Truppen bei ihrem Angriff auf Valencia verschanzen könnten. Heute kann man lediglich zwei kleine Hügel finden, die aus dem Schutt der Burg geschaffen wurden.

Die Pläne der Burg werden in einer Bibliothek in Paris aufbewahrt und man überlegte eine Zeit, sie wieder aufzubauen, entschied sich aber dagegen. Heute kann man hier wunderbar spazieren, es gibt Vogelkäfige und das Museu Ciències Naturals (s. S. 61) zu sehen.

› Haupteingang: Ecke Carrer de Sant Pius V und Carrer del General Elio, Metro 3, 9: Facultas, geöffnet: tgl. 7.30–20.30 bzw. 21.30 Uhr (April–Oktober), Eintritt frei

24 Pont de l'Exposició ★ [F3]

Santiago Calatrava, Architekt und Sohn der Stadt, stellte die **Brücke** mit Metrostation im Jahr 1995 fertig. Man kann deutlich seine Handschrift erkennen (weißes Metall, geschwungene Linien, Trencadís usw.), die auch die Ciutat de les Arts i les Ciències (CAC, s. S. 40) so futuristisch und unverkennbar macht. Kurios ist, dass die Brücke und die sich darunter befindende Metrostation gleichzeitig gebaut wurden: Die Stahlbrücke musste ein paar Meter versetzt konstruiert werden und wurde erst nach Fertigstellung an ihren jetzigen Ort verschoben.

Die Valencianer nennen die Brücke wegen dem 14 m hohen Bogen auch oft **„den Kamm"**. Sie heißt allerdings offiziell **Exposició**, weil es hier ab 1909 eine Brücke gab, die den Zugang zur im selben Jahr stattfindenden Regionalausstellung auf der linken Flussseite ermöglichte. Diese Brücke wurde während der Flut 1957 zerstört.

› Metrostation Alameda, Metro 3, 5, 7, 9: Alameda

25 Pont de les Flors ★ [F4]

Etwa 10.000 Blumentöpfe mit Geranien schmücken die romantische **„Blumenbrücke"** (2002), die ebenfalls von Santiago Calatrava entworfen wurde. In den ersten Jahren wurden die Blumen bis zu fünfmal pro

Jahr komplett ausgetauscht (Weihnachtssterne zur Weihnachtszeit, gelbe und weiße Blumen zum Papstbesuch 2006), heute sind es aus Kostengründen immer rote und pinke Geranien. Auf der rechten Flussseite steht ein **historisches Brunnenhaus.**

› Metro 3, 5, 7, 9: Alameda

26 Palau de la Música ★ [G5]

Das **Konzerthaus** ist das erste Gebäude, das im stillgelegten Flussbett gebaut wurde. Im Jahr 1987 wurde es eingeweiht und bekam sofort von den Valencianern einen Spitznamen: die Mikrowelle. Auf dem riesigen **Wintergarten**, in dem unter anderem Orangenbäume wachsen, steht den ganzen Tag die Sonne – Temperaturen bis 45 Grad Celsius waren daher nichts Ungewöhnliches, bis man umgehend große Klimaanlagen installierte.

Der Palau de la Música wird immer wieder für seine **hervorragende Akustik** gelobt. Wer diese erleben möchte, kann zum Beispiel zu den Gratiskonzerten der Banda de Música de Valencia gehen, des Blasorchesters der Stadt. Die genauen Daten findet man auf der Website.

› Passeig de l'Alameda, 30, Tel. 902010284, www.palaudevalencia.com, Bus 1: Albereda/Illes Canàries

Im Gebäude des Palau de la Música befindet sich die Cafetería **Jardines del Palau** mit einem schönen Garten und bietet ein günstiges Mittagsmenü. Auch für einen Drink und einen Snack zwischendurch empfehlenswert.

› Paseo de la Alameda, 30, Tel. 963372021, www.restaurantejardinesdelpalau.com, geöffnet: Mo.–Fr. 8.30–17, Sa. u. So. 10–17 Uhr, Do.–Sa. auch 20–1 Uhr, WLAN

Santiago Calatrava

Architekt, Bauingenieur und Bildhauer: Santiago Calatrava ist ein Allrounder und das sieht man auch immer wieder an seinen fantastischen Gebäuden: riesige freischwebende Strukturen, waghalsige Brücken, Dynamik in Beton und Stahl. Er lässt sich von der Natur inspirieren, ob es nun der Aufbau eines Skeletts, der Flug eines Vogels oder die Bewegung des Augenlids sind. Er liebt strahlendes Weiß und die Kombination aus Trencadís (s. S. 14), Stahl, Glas und Beton.

Geboren wurde Calatrava 1951 in Valencia. Hier studierte er Architektur, dann zog es ihn nach Zürich, wo er sich zusätzlich zum Bauingenieur ausbilden ließ. In Valencia baute er mehrere Brücken, eine Metrostation und natürlich fast alle Gebäude in der Ciutat de les Arts i les Ciències (s. S. 40). Seine Bauwerke stehen überall auf der Welt. Im Jahr 2015 stellte er zum Beispiel ein Nahverkehrszentrum am Ground Zero in New York City fertig.

Seine Arbeit ist allerdings nicht unumstritten: Falsche Kostenvoranschläge, Kostenexplosion in der Bauphase, teure Instandhaltung und mangelhafte Funktionalität (fehlende Rollstuhlrampen, extrem rutschige Brücken aus Glas usw.) sind die Hauptkritikpunkte, die leider auch für seine Bauwerke in Valencia gelten.

CAC (Ciutat de les Arts i les Ciències)

Ein riesiges futuristisches Viertel erwartet die Besucher im östlichen Teil des trockengelegten Flussbetts: Die „Stadt der Künste und Wissenschaften“ setzt sich aus mehreren beeindruckenden Gebäuden zusammen, die fast alle vom Valencianischen Stararchitekten Santiago Calatrava (s. S. 39) stammen. Er hat hier seit 1994 das IMAX-Kino 28*, das Wissenschaftsmuseum* 29*, die Oper* 27*, L'Umbracle* 30*, Brücken* 31 *und die Multifunktionshalle Ágora* 32 *gebaut. Das größte Aquarium Europas, das Oceanogràfic* 33*, stammt von Felix Candela, einem Architekten aus Madrid.*

024va-srs

Wirklich fertig ist die CAC immer noch nicht: 2010 hörte man einfach auf, an der Ágora zu bauen, weil nach der schweren Wirtschaftskrise in Spanien das Geld ausging. Eigentlich sollten auch noch drei Bürotürme und ein Zugang zu einem nahegelegenen Bahnhof entstehen, aber das wird wohl nie passieren. Die **Kosten** sind während der langen Bauphase explodiert. Man spricht mittlerweile vom Vierfachen des Kostenvoranschlags. Bis zur Fertigstellung der Bauten waren es schon an die 1,3 Milliarden Euro und durch die Instandhaltung wird es jedes Jahr teurer. Strahlender Gewinner ist der Architekt Calatrava: Sein Lohn wurde abhängig von den wirklichen Baukosten der CAC berechnet, er erhielt 12 % der Gesamtkosten.

Mittlerweile kann man an einigen Stellen schon **Schäden** an den Gebäuden finden, die für viel Geld repariert werden müssen. Trotzdem: Die CAC muss man gesehen haben! Auch Hollywood hat sich verliebt: George Clooney drehte hier die Disney-Produktion „Tomorrowland“, die 2015 in die Kinos kam.

› Avinguda Professor López Piñero, Tel. 902100031, www.cac.es, Bus 95: Professor López Piñero/Institut Obrer de Valencia. Die Eintrittskarten für die CAC kann man am Eingang der jeweiligen Sehenswürdigkeit kaufen. Man sollte immer nach den günstigen **Kombitickets** fragen: Wenn man mehr als eine Attraktion besucht, wird der Gesamtpreis günstiger (Preis je nach gewählten Sehenswürdigkeiten unterschiedlich).

‹ *Imposant beleuchtet: die Oper*

27 Palau de Les Arts Reina Sofía (Oper) ★★★ [di]

Ein gigantisches Blatt (oder ist es eine Feder?) neigt sich über der mit fast 80 m höchsten Oper der Welt. Um den Hauptkörper legt sich ein weiter Mantel aus glitzerndem Trencadís (s. S. 14). Wer auf das Restaurant Contrapunto (s. rechts) im Erdgeschoss zugeht, kann den Eindruck bekommen, von einem riesigen Haifisch verschlungen zu werden.

Die Oper – am 8. Oktober 2005 mit Beethovens „Fidelio" festlich eröffnet – gilt als das Meisterwerk **Santiago Calatravas.** Er hat auch viele Details selbst designt und bei einigen auch selbst Hand angelegt: von den **Türgriffen** in Form von männlichen und weiblichen Körpern über das **Treppenhaus,** das wie ein Schneckenhaus geformt ist, bis hin zu zwei großen **Kachelgemälden** im obersten Stockwerk. Calatrava hat es auch gewagt, nicht nur an den Außenwänden, sondern auch im **Hauptsaal** (1481 Sitzplätze) Trencadís anzubringen. Damit die Akustik aber trotzdem stimmt, hat er sich mit mehreren Tricks beholfen – zum Beispiel wählte er gewellte Wände, an denen der Ton entlangwandern kann. Insgesamt hat die Oper an die 4000 Sitzplätze in vier Sälen.

Die Oper ist aber auch das **Sorgenkind der CAC.** Besonders Regen und Feuchtigkeit machen ihr zu schaffen. So lief kurz nach der Eröffnung die Hauptbühne mit Regenwasser voll: Die erste Opernsaison konnte nicht beendet werden. Weihnachten 2013 passierte eine weitere Katastrophe: Ein Teil des Trencadís (ca. 3 m²) löste sich von der Fassade. Schuld waren schlechter Klebstoff und rostendes Metall im Beton. Niemand kam zu Schaden, aber um weitere Unfälle zu vermeiden, wurde die gesamte Verkleidung auf der 20.000 m² großen Fläche abgenommen. Die Außenwände wurden versiegelt und die Trencadís erneut aufgetragen, mit hochwertigeren Materialien. Kosten: 3 Mio. Euro. Die mussten immerhin der Architekt und die Baufirma tragen.

EXTRATIPP

Essen und Trinken in der CAC

Wer in der CAC hungrig oder durstig wird, sollte von den vorhandenen Bars und Restaurants Abstand nehmen, denn sie sind überteuert und qualitativ enttäuschend. Die große Ausnahme bildet das geschmackvoll eingerichtete Restaurant **Contrapunto** in der Oper 27. Ansonsten lohnt es sich, den kurzen Weg bis zum **Passeig de l'Albereda** [di] in Kauf zu nehmen. Dort gibt es zahlreiche Restaurants und Cafés mit Blick auf die CAC, die Essen und Getränke zu vernünftigen Preisen und mit besserer Qualität anbieten. Besonders empfehlenswert sind das mediterrane **Saona** oder der Italiener **Al Solito Posto.** Gute Burger gibt es im passend benannten Schnellrestaurant **The Good Burger.**

- **3** [ei] **Al Solito Posto** €€, Passeig de l'Alameda, 49, Tel. 963614340, www.alsolitoposto.es, geöffnet: tgl. 8–24 Uhr
- › **Contrapunto** €€€€, www.restaurantecontrapuntolesarts.com, im unteren Bereich der Oper 27, Tel. 675365474, geöffnet: Mo.–Do. 12–24, Fr. u. Sa. 12–2, So. 12–17 Uhr
- **4** [di] **Saona (1)** €€, Passeig de l'Alameda, 41, Tel. 961061376, www.gruposaona.com, geöffnet: tgl. 13.30–17 u. 20–1 Uhr
- **5** [di] **TGB – The Good Burger** €, www.thegoodburger.com, Passeig de l'Alameda, 43, Tel. 902197494, geöffnet: So.–Do. 12.30–23.30, Fr. u. Sa. 12.30–0.30 Uhr

Mehrmals täglich bietet die Oper **öffentliche Führungen** an. Ein ca. 50-minütiger Besuch, der sich für Opern- und Architekturfans lohnt!

› Avinguda Professor López Piñero, 1, Tel. 672062523, www.lesarts.com, öffentliche Führungen Mo.–Sa. 10.45, 12, 13.30, 15.45 und 17 Uhr (April–Juni auch 18 Uhr), So. 10.45, 12 und 13.30 Uhr, Preis: 10,60 €, ermäßigt 8,10 €, Bus 95: Professor López Piñero/Institut Obrer de Valencia

28 IMAX-Kino L'Hemisfèric ★★ [dj]

Mitten in einem See liegt eine kleine Halbinsel und auf ihr steht ein Gebäude mit dem Spitznamen „Auge der Weisheit" (eröffnet 1998) – ein ungewöhnlicher Anblick.

Das Auge kann sogar innerhalb von 19 Minuten auf beiden Seiten **seine Lider öffnen.** Hinter den Scheiben kann man die dazu nötigen silbernen hydraulischen Verstrebungen erkennen. Im Inneren des riesigen Auges kann man deutlich eine große **weiße Kugel** sehen – darin befindet sich der Zuschauersaal. Die gesamte Kuppel ist von innen mit einer 900 m² großen Leinwand bezogen. Hier werden **IMAX-Filme** gezeigt, die des Öfteren wechseln, sich aber immer mit den Themen Natur, Technik und Wissenschaften befassen. Man fühlt sich während der Vorstellungen, als ob man Teil des Films wäre und wird regelrecht in den Film hineingezogen. Manch einem Zuschauer wird dabei schon mal schwindlig, aber dann muss man einfach die Augen schließen – alles nur optische Täuschung! Es gibt auch 3D-Vorstellungen und zusätzlich dient das Gebäude als **Planetarium.**

Die Nordfassade des Wissenschaftsmuseums soll an Wasserfälle erinnern

› Avinguda Professor López Piñero, 3, Tel. 961974686, www.cac.es/hemisferic, geöffnet: tgl. 11–19 Uhr stündliche Vorstellungen, Eintritt: Erw. 8,80 €, Kinder 4–12 Jahre 6,85 €, Schüler u. Studenten 7,48 €, Bus 95: Professor López Piñero/Institut Obrer de Valencia

29 Museu de les Ciències (Wissenschaftsmuseum) ★★ [dj]

Das Wissenschaftsmuseum beeindruckt mit seinen Dinosaurierzacken auf dem Dach und den 4000 Fensterscheiben in verschiedensten Formen. Schon von außen wird Wissenschaft gelebt, z. B. sind die beiden großen Bögen an den schmalen Enden des Gebäudes Schallbögen: Zwei Personen können sich ohne Probleme über eine Distanz von 50 m unterhalten. Der Schall wandert über den Bogen von einer Seite auf die andere. Man muss nur in die Ecke in Richtung Wand sprechen.

Das Motto des 2000 eröffneten Museums ist: „Es ist verboten, nicht anzufassen, nicht zu fühlen, nicht zu denken". Das Wissenschaftsmuseum erlebt man also erst richtig, wenn man selbst mitmacht. Etwa 85 % der Ausstellungsfläche sind **interaktiv.** Neben den verschiedenen Ausstellungen, z. B. zu den Themen Nobelpreise, Dinosaurier, Genetik und Geschichte der Luftfahrt, gibt es viele Aktivitäten für jedes Alter. Kleine **Kinder** werden im „Espai dels Xiquets" spielend an die Wissenschaften herangeführt, nebenan schlüpfen den ganzen Tag in einem Brutkasten echte Küken und beim Workshop „Ciencia a Escena" wird aus Orangensaft Strom hergestellt. Im östlichen Teil des 220 m langen und 55 m hohen Gebäudes befindet sich ein **Kampfjet.** Er wurde hier aufgehängt, bevor man die Fensterscheiben einsetzte, denn er hätte nicht durch die Türen gepasst.

Wer sich für die **Architektur** der CAC interessiert, kann sich im zweiten Stock mehrere Modelle aus der Bauphase anschauen.

Die Beschilderung im Museum ist auf Spanisch, Valencianisch und Englisch. Das Betreten des Balkons ist verboten.

› Avinguda Professor López Piñero, 7, Tel. 961974686, www.cac.es/en/museu-de-les-ciencies, geöffnet: 10–18, 19 oder 21 Uhr (je nach Saison), Eintritt: Erw. 8 €, Kinder 4–12 Jahre u. Schüler 6,20 €, Bus 95: Professor López Piñero/Institut Obrer de Valencia

30 L'Umbracle ★ [dj]

Es handelt sich eigentlich um eine zweistöckige Parkgarage – und doch ist das Gebäude so viel mehr. Fast einhundert 18 m hohe weiße Stahlbögen bilden L'Umbracle, valencianisch für „Schattengang". Vom Balkon aus hat man einen fantastischen Blick über die CAC. Zwei **Freiluft-Ausstellungen** widmen sich der Kunst (Paseo del Arte, wechselt etwa alle 6 Monate) und der Astronomie (am östlichen Ende). Unter den Bögen lädt ein **Garten** zum Verweilen ein (Eintritt frei).

Wirklich interessant wird es hier oben während der lauen Sommernächte: Eine Hälfte des Schattengangs ist Heimat von Valencias wohl beliebtester Open-Air-Disco **L'Umbracle Terraza** (s. S. 78). Allerdings kann man auch den Rest des Jahres die Nacht zum Tag werden lassen: Unter dem Namen **Mya** hat der Klub auch Innenräume, die jeden Freitag und Samstag aufhaben, auch im Winter.

› Avinguda Professor López Piñero, 5, Bus 95: Professor López Piñero/Institut Obrer de Valencia

31 Pont de L'Assut de l'Or ★★ [ej]

Die Spitze der Pont de L'Assut de l'Or ist mit 127 m der höchste Punkt Valencias. Oben blinkt ein Licht, damit die Flugzeuge im Landeanflug ihr nicht zu nahe kommen. Gehalten wird die **spektakuläre Brücke** (die Valencianer nennen sie liebevoll „Schinkenschneider" oder „Harfe") von 29 schrägen und vier vertikalen Stahl-

025va-srs

kabeln. Die Baukosten stiegen von 23 Millionen auf knapp 60 Millionen Euro.

In der Mitte befindet sich eine **Verkehrsampel**, was eher ungewöhnlich ist: Aufgrund der Wölbung der Straße sehen ankommende Autofahrer nicht, was am anderen Ende passiert, bis sie am höchsten Punkt angekommen sind (der ist genau dort, wo die Ampel steht). Sie fahren quasi ins Unendliche. Wenn allerdings Autos am Ende der Brücke gestoppt haben, kann es leicht zu Auffahrunfällen kommen. Deshalb wurde die Ampel installiert. Nun müssen die ankommenden Autos anhalten, wenn auch die Ampel am Ende Rot ist. Die beiden Ampeln sind gleichgeschaltet.

› Bus 95: Eduardo Primo Yúfera/Front Ágora

32 Ágora (Multiveranstaltungshalle) ★ [ej]

Während alle anderen Gebäude in der CAC in Weiß gehalten sind, hat Santiago Calatrava (s. S. 39) für die 2009 eröffnete Ágora die zweite typische Farbe der Mittelmeerregion genutzt: Blau. Auch die Oberfläche dieses Baus ist komplett mit **Trencadís** (s. S. 14) gestaltet.

„Agora“ bedeutet im Griechischen „Versammlungsort“: ein Ort, an dem man sich trifft, feiert, diskutiert, einkauft. So stellte man sich auch die **Funktion** dieser Multifunktionshalle vor, nur leider steht sie im Moment die meiste Zeit über leer und weist enorme Baumängel auf, die bis 2020 behoben werden sollen. Dann wird die Agora als Kunstforum wiedereröffnet.

So richtig fertig ist das Gebäude bis heute nicht: Wer sich das Logo der CAC anschaut (z. B. auf einer Eintrittskarte oder dem offiziellen Plan), sieht, dass eigentlich noch riesige Flügel auf das Dach gebaut werden sollten. Dies hätte aber mindestens weitere 13 Millionen Euro gekostet und so verzichtete man aus Gründen der Sparsamkeit. Die Flügel gibt es sogar, sie liegen hinter dem Oceanogràfic 33 im Feld.

› Carrer d'Eduardo Primo Yúfera, Bus 95: Eduardo Primo Yúfera/Front Ágora

33 L'Oceanogràfic (Aquarium) ★★★ [ej]

Das Oceanogràfic ist das größte Aquarium Europas: Auf 110.000 m² werden etwa 45.000 Tiere aus 500 verschiedenen Arten gezeigt. Die 42 Millionen Liter Wasser, die hier täglich gebraucht werden, kommen direkt aus dem Mittelmeer. Sie werden gefiltert und den verschiedenen Lebensräumen angepasst. Spektakulär ist die Architektur des Eingangsgebäudes und des Restaurants. Beide wurde vom spanischen Architekten Felix Candela (1910–1997) geplant. Der Name des Restaurants ist Submarino, was soviel wie „U-Boot“ bedeutet, und so sitzt man denn auch mitten in einem runden Aquarium und die Fische schwimmen um den Saal herum.

Das Oceanogràfic stellt viele verschiedene **Meereslebensräume** dar. Im Bereich des Mittelmeers kann man Seegurken und Tintenfische finden. Gegenüber geht es zu den gemäßigten und tropischen Meeren, wo es farbenfrohe Korallenriffe und viele bunte Fische zu sehen gibt – Nemo (Clownfisch) und Dori (Paletten-Doktorfisch) sind auch dabei! Die Decke des Raums sieht aus wie der Kiel eines Boots. In diesem Bereich finden

› In den Plexiglastunneln ist man den Meeresbewohnern ganz nah

auch regelmäßig Yoga Sessions statt. Durch einen 70 m langen Plexiglas-Tunnel, einer der längsten weltweit, geht es unter dem Lebensraum „Atlantik“ hindurch von der „Karibik“ bis zur „Küste von Marokko“.

Im nächsten Saal kann man **Seehunden** beim Spielen zuschauen oder die unglaubliche Spannbreite der japanischen Riesenkrake bestaunen. Im Außenbereich steht ein 26 m hoher, runder Vogelkäfig, der aussieht wie ein riesiger Metallball. Hier hat man Feuchtgebiete nachgebildet, in denen Vögel (z. B. aus der L'Albufera) zu sehen sind.

Das größte Innenbecken im Aquarium ist das **Océanos** mit 7 Millionen Litern Wasser. Es ist vielleicht auch das „gefährlichste“, denn hier tummeln sich zahlreiche Haifische, zum Beispiel der Graue Riffhai oder der Sandtigerhai. Besonders Mutige können in diesem Saal sogar übernachten: Es gibt ein Programm für Kinder, das „Dormir con Tiburones“ heißt. Sie verbringen dann die Nacht im Plexiglastunnel, genau unter den Haifischen.

Weiter geht zur „Arktis“ und „Antarktis“: Hier leben europaweit die einzigen **Belugawale**, die in einem Zoo gehalten werden: das Weibchen Yulka (etwa 20 Jahre alt) und ihr Partner Kairo (über 50 Jahre alt). Im November 2016 gab es spektakuläre Nachrichten: Die beiden haben Nachwuchs bekommen, den kleinen Kylu.

Nebenan leben **Pinguine** – am einzigen Ort, an dem es in Valencia das ganze Jahr über (künstlich!) schneit. Eine der Hauptattraktionen ist zudem die Delfinshow (das Open-Air-Becken hat 26 Millionen Liter Wasser), die zwei- bis dreimal am Tag stattfindet, und es gibt noch viele weitere Aktivitäten, über die man sich am Schalter in der Eingangshalle informieren kann.

› Carrer d'Eduardo Primo Yúfera, 1B, Tel. 960470647, www.oceanografic.org/en, geöffnet: tgl. 10–18, 20 oder 22 Uhr, Eintritt: Erw. 29,10 €, Kinder 4–12 Jahre 21,85 €, Schüler 24,74 €, Bus 95: Eduardo Primo Yúfera/Front Oceanogràfic. Alle Beschilderungen im Aquarium sind auf Spanisch, Valencianisch und Englisch.

026va-srs

Ziele am Mittelmeer

Der **Hafen- und Strandbereich** von Valencia (auch „Grau“ genannt) ist eine Welt für sich und existierte lange Zeit getrennt von der Stadt. Die Entfernung zwischen Stadt und Hafen beträgt etwa vier Kilometer und bis ins 20. Jahrhundert war das ein beschwerlicher Weg durch die Felder. Mittlerweile sind beide Teile zusammengewachsen und durch die schnurgerade Avinguda del Port verbunden.

Der **Industriehafen** zählt zu den größten in Spanien, vom Strand aus kann man seine Kräne und Container in südlicher Richtung erkennen. Der **Jachthafen** hat eine bewegte (Sport-) Geschichte: Formel-1-Rennen und der America’s Cup fanden hier statt. Am **Strand** kann man wunderbar flanieren, in der Sonne liegen, baden und essen. Außerdem lohnt sich ein Spaziergang im urigen Fliesen-Stadtteil **Cabanyal** 39.

Historische Speicher im Hafen: die Tinglados

34 Marina Real Juan Carlos I ★★★ [fi]

Die Marina Real wurde nach dem früheren König Juan Carlos I. von Spanien benannt, der selbst ein begeisterter Wassersportler ist.

Bis 2007 war hier der Fischereihafen, der für den **America’s Cup** (s. S. 47) im selben Jahr komplett umgebaut wurde. Hier stehen die riesigen Hallen, die damals von den Segelteams genutzt wurden und heute teilweise recht verfallen sind. Trotzdem ist es ein herrlicher Anblick, die weißen **Jachten** im Wind schaukeln zu sehen.

Ein Spaziergang lohnt sich an der alten **Formel-1-Strecke**, die rund um das Hafenbecken führt. Man kann natürlich auch Segeln lernen oder mit einem Katamaran auf das offene Meer fahren, zum Beispiel zum Sonnenuntergang (s. S. 120). **Restaurants** und **Bars** gibt es im östlichen Teil der Marina, im Veles E Vents 37 und auf der Mole.

› www.marinarealjuancarlosi.com, Metro 8: Marina Reial Joan Carles I

America's Cup 2007 und 2010

Der America's Cup, eine wichtige Segelregatta, ist wahrscheinlich der älteste internationale Wanderpokal – bereits 1851 wurde er zum ersten Mal ausgetragen. Damals gewann der US-amerikanische Segler „America". Bis heute trägt die Veranstaltung seinen Namen.

In Valencia wurden der 32. (2007) und der 33. Cup (2010) ausgetragen. Organisiert wird er normalerweise vom Gewinner der vorherigen Veranstaltung (2004), allerdings war das kein spanisches, sondern das Schweizer Team „Alinghi". Der America's Cup muss aber auf Salzwasser stattfinden, das die Schweizer Seen leider nicht bieten. Die Schweizer suchten also einen Austragungsort und 56 Städte bewarben sich. Sobald die Entscheidung auf Valencia gefallen war, begann der Bauboom: Der frühere Fischereihafen wurde umgebaut, weil die 12 teilnehmenden Teams riesige Gebäude für ihre Hightech-Segler brauchten. Zusätzlich wurden Hotels und das Presse- und Mediengebäude Veles E Vents 37 *gebaut.*

Im Jahr 2007 gab es wochenlang sportliche Wettkämpfe und sagenhafte Partys. Selbst Angelina Jolie und Brad Pitt kamen als Gast des italienischen Teams zu einem Fest, das deren Sponsor Prada im Mercat Central 6 *veranstaltete.*

Das Alinghi-Team gewann 2007 erneut und durfte 2010 den nächsten America's Cup austragen. Die zweite Valencianische Edition war aber wesentlich weniger „ausschweifend", weil es viele Streitereien innerhalb der Organisationsgremien des America's Cup gab. BMW Oracle aus den USA gewann und der Zirkus zog weiter.

Geblieben sind die Team-Gebäude, die meist seit Jahren leerstehen und verfallen – man hatte sich nie mit der Nutzung nach dem Cup beschäftigt. Besonders die Alinghi-Halle ist mittlerweile sehr baufällig. Die Valencianer hoffen auf eine baldige Renovierung. Immerhin zwei der Gebäude werden mittlerweile als Schulen mit Schwerpunkt auf Neue Medien und Start-Ups genutzt.

35 Tinglados ★ [fi]

Die Tinglados sind teilweise offene **Hafenspeicher**, in denen ab 1911 Waren jeglicher Art lagerten, bevor diese per Schiff, Zug oder Pferdewagen weitertransportiert wurden. Sie sind im Stil des Valencianischen Modernismus gehalten, mit Fliesen, die maritime Themen und Orangen zeigen.

Im Tinglado Nummer 4 waren während der Formel 1 die Boxen der Rennwagen untergebracht. Man kann hier noch deutlich die Markierungen auf dem Boden erkennen.

› Muelle de la Aduana, Metro 8: Grau-Canyamelar

36 Edificio del Reloj ★ [fi]

Dieses weiße Gebäude mit dem **Uhrenturm** aus dem Jahr 1916 war der Bahnhof des Hafens. Er ist eine Kopie des Gare de Lyon in Paris und beherbergte Büros der Hafenaufsicht, der Post und unter dem Dach auch kleine Wohnungen. Heute finden hier wechselnde **Ausstellungen** statt.

› Muelle del Grau, Tel. 963939400, geöffnet: tgl. 11–14 u. 17–21 Uhr, Eintritt: frei, Metro 8: Grau-Canyamelar

37 Veles E Vents ★★ [fi]

Mit „Segel und Winde“ könnte man den Namen des Gebäudes übersetzen, aber irgendwie steckt doch auch das Wort „Events“ darin. Und Letzteres ist passend, denn es handelt sich um das **Presse- und Mediengebäude des 32. und 33. America’s Cup.**

Der Architekt David Chipperfield (geboren 1953 in Großbritannien) baute dieses Gebäude in einer Rekordzeit von nur 11 Monaten. Er schuf vier versetzte Ebenen mit hochgelegenen Terrassen, von dem man einen hervorragenden Blick in alle Richtungen hat: auf das Hafenbecken, die Hafeneinfahrt, das offene Meer und den Strand – perfekt also für die Journalisten und Zuschauer des America’s Cup.

Lange Zeit stand das Gebäude nach den Wettbewerben von 2007 und 2010 leer, aber nun haben hier wieder **Restaurants** und **Bars** geöffnet. Abends wird der Bau oft in verschiedenen Farben angeleuchtet, ein wunderbarer Anblick.

› Muelle de la Aduana, www.velesevents valencia.es, Metro 8: Marina Reial Joan Carles I

KLEINE PAUSE

La FABrica

Wer eine kleine Pause mit guten Tapas im modernen Fabrikambiente sucht, dem wird diese ungewöhnliche Bar gefallen. Auch gut: Drinks in der Bodega La Peseta direkt nebenan. Beide bieten eine kleine Terrasse.

6 [fi] **La FABrica** €€, Carrer del Crist del Grau, 14, Tel. 960642843, www.lafabricarte.es, geöffnet: Di.–Sa. 13–16 und 20–14 Uhr, So. 13–16 Uhr, WLAN

38 Strand La Malva-Rosa und Passeig de Neptú ★★★ [fi]

Valencia hat einen schönen 80 m breiten Sandstrand, der sich über fast 3 km zwischen dem Hafen und dem Nachbarstrand La Patacona hinzieht. Ob Wassersport, Beachvolleyball oder einfach nur faul in der Sonne liegen – hier ist für jeden etwas dabei. Platz gibt es genug!

An den Strand grenzt die mit unzähligen Palmen bestandene Promenade **Passeig de Neptú** mit zahlreichen **Restaurants**, in denen man hervorragende Reisgerichte (z. B. Paella), Fisch und Meeresfrüchte essen kann. Meist haben diese Restaurants ihren Ursprung in einfachen *Chiringuitos*, die früher direkt im Strandsand aufgebaut wurden: Holzverschläge und Zelte mit ein paar Tischen und Stühlen, die gutes einfaches Essen mit Zutaten direkt aus dem Meer und von den Reisfeldern der L’Albufera 40 boten. Die heutigen Restaurants sind teilweise große Hallen mit Keramikdekorationen, die besonders am Sonntagmittag proppenvoll sind mit Valencianischen Familien und Touristen.

Es gibt auch ein paar **Hotels**, zum Beispiel den 5-Sterne-Palast Balneario Las Arenas (s. S. 124), der an eine elegante Badestätte *(Balneario)* erinnert, die hier im frühen 20. Jahrhundert stand.

Benannt ist der Malva-Rosa-Strand übrigens nach einer Blume, der **Gewöhnlichen Steckrose.** Sie wurde ab 1848 hier am Strand gemeinsam mit anderen Blumen angebaut, um aus ihnen in einer benachbarten Fabrik Parfums und Seifen herzustellen.

› Sandburg am Strand La Malva-Rosa

39 El Cabanyal ★★ [fi]

Direkt hinter dem herausgeputzten Passeig de Neptú beginnt der Stadtteil El Cabanyal, das traditionelle **Fischerdorf** von Valencia. Hier treffen Welten aufeinander: Glänzende **Keramikhäuser**, teilweise im Stil des Valencianischen Modernismus, stehen verfallenen Lagerhäusern gegenüber, Spaziergänger im Sonntagsanzug teilen sich den Gehweg mit Armen, die hier einige Häuser besetzen und Wertstoffe in den Mülleimern der Stadt suchen. Früher hatte die Regierung den Plan, hier 1651 historische Häuser einfach abzureißen und eine große Allee zu bauen (s. S. 101). Nun will man den Stadtteil sanieren und modernisieren. Nach und nach ziehen immer mehr junge Familien her, Nachbarschaftsvereine kämpfen für ihre Rechte. Es lohnt sich, diesen Stadtteil zu besuchen, um die **beeindruckende Architektur** und den eigenwilligen Charakter „fernab der Großstadt" kennenzulernen.

KLEINE PAUSE

Bodega La Pascuala

8 [fh] **Bodega La Pascuala** €€, Carrer del Doctor Lluch, 297, Tel. 963713814, geöffnet: tgl. 9–15.30 Uhr. Diese Bodega, die nur tagsüber offen hat und deren Spezialität Bocadillos (belegte Baguettes) sind, ist eine Institution im Cabanyal. Besonders Mutige trauen sich an die Variante mit Pferdefleisch.

Einige Häuser im Cabanyal haben **besonders interessante Fassaden.** Man sollte sie als Ausgangspunkt nutzen, um sich bei einem entspannten Spaziergang etwas im Viertel zu verlieren.

Wer z. B. ein kleines Picknick zusammenstellen möchte, um es dann mit Blick aufs Meer zu genießen, der kann einen Stopp im **Mercat Cabanyal** (s. S. 82, gebaut 1958) einlegen.

028va-srs

030va-srs

Ausflugsziele

40 Naturschutzgebiet L'Albufera ★★★

Nur 10 km südlich von Valencia liegt das Naturschutzgebiet L'Albufera, das sich rund um den gleichnamigen See erstreckt. Man kann zwischen Pinienbäumen und Mittelmeerstrand spazieren, eine gemütliche Bootsfahrt unternehmen und kulinarische Höhepunkte erleben: Unzählige Reisfelder umgeben den See und liefern die wichtigste Zutat für die Paella, die von hier stammt.

Der Name kommt aus dem Arabischen und bedeutet **„Kleiner Lagunensee"**, doch so klein ist der See gar nicht. Er soll sogar der größte in ganz Spanien sein, hat allerdings in den letzten Jahrhunderten extrem an Größe verloren und ist von etwa 30.000 Hektar auf 2800 Hektar geschrumpft. Der Grund dafür ist die Landgewinnung für die Landwirtschaft.

Die Durchschnittstiefe des Sees liegt bei nur etwa 1 Meter. Umgeben ist er unter anderem von etwa 14.000 Hektar an **Reisfeldern**, die regelmäßig mit seinem Wasser geflutet werden. Hier befindet sich sozusagen die **Wiege der Paella** (s. S. 66), des beliebten Reisgerichts aus der Region.

Im kleinen Dorf **El Palmar** kann man in vielen Restaurants die typische Paella Valenciana und viele andere Reisgerichte genießen. An Wochentagen macht der Ort einen schläfrigen Eindruck, aber am Samstag und besonders am Sonntag strömen die Valencianer in Massen hierher, um gemeinsam mit der Familie oder Freunden zu Mittag zu essen. Am Wochenende und an Feiertagen sollte man also unbedingt einen Tisch reservieren.

Zu einem typischen Besuch der L'Albufera gehört auf jeden Fall eine **Bootsfahrt auf dem See.** Dieser Service wird zum Beispiel am Embarcadero (auf der Straße CV500 kurz vor der Gola de Pujol, einer der drei Verbindungskanäle zum Mittelmeer, Bus 25: Embarcadero de L'Albufera) oder direkt in El Palmar angeboten. Die Fahrt dauert etwa 40 Minuten und ist sehr entspannend (Kosten ca. 5 € pro Person, Minimum 20 € pro Boot). Sanft gleitet das Boot über das Wasser, in dem sich die Sonne spiegelt. Man fährt nah an die sogenannten *Matas* (Halbinseln aus Schilf) heran und kann die verschiedenen Enten, Reiher und viele andere Vögel beobachten. Ein Traum für jeden Ornithologen, denn die L'Albufera mit ihren **Feuchtgebieten** ist auch ein riesiges **Vogelschutzgebiet.** Viele Arten von Zugvögeln kommen hier auf ihrem Weg von oder nach Nordafrika vorbei. Vielleicht hat man auch Glück und bekommt im Wasser einen Aal oder Barsch zu sehen.

Zwischen den Reisfeldern und dem Mittelmeer steht ein **mediterraner Nadelwald**, die **Dehesa.** Er befindet sich auf einem dünnen Küstenstrei-

Sich einfach treiben lassen: Bootsfahrt auf dem See L'Albufera

fen – an seiner engsten Stelle sind es zwischen See und Mittelmeer nur 700 m. Bis vor etwa 2000 Jahren war der heutige L'Albufera-See eine riesige Bucht, bis von Norden und Süden zwei dünne Landzungen zusammenwuchsen und den See bildeten.

Der **Strand** am Mittelmeer (z. B. bei El Saler) ist ein schmaler Naturstrand mit Dünen und vielen ruhigen Abschnitten. Hier gehen viele Valencianer lieber spazieren und baden als an der Malva-Rosa 38 in der Stadt.

› Man kann mit dem öffentlichen Bus Nummer 25 vom EMT (www.emtvalencia.es) ins Naturschutzgebiet L'Albufera fahren (Kosten: 1,50 €, zahlbar beim Fahrer, oder 0,85 € mit Zehner-Karte, s. S. 126). Er hält in El Saler, am Embarcadero, am Informationszentrum und in El Palmar. Es gibt auch organisierte Ausflüge mit dem Bus Turístico inkl. Bootsfahrt und Paella (www.valenciabusturistic.com, Tel. 963414400, Preis: Erw. 30 €, Kinder 7–16 Jahre 24 €, Abfahrt z. B. Plaça de la Reina). Außerdem ist eine Radtour möglich.

9 **Arrocería Duna** €€€, Passeig Pintor Francisco Lozano, Módulo 3, 46012 El Saler, Tel. 961830490, www.arroceriaduna.es, geöffnet: tgl. 13–15.30, Fr. u. Sa. auch 20.30–22.30 Uhr. Direkt am Mittelmeerstrand bei El Saler, in Weiß und Blau gehalten. Wunderbare Aussicht, gute Reisgerichte und Gin Tonics.

10 **Arrocería Maribel** €€, Carrer Francisco Monleón, 5. 46012 El Palmar, Tel. 961620060, www.arroceriamaribel.com, geöffnet: tgl. 13–16 Uhr. Am Kanal in El Palmar gibt es unzählige Restaurants, aber das Maribel sticht hervor: Es war das erste, das hier im Jahr 1983 eröffnete und hier dreht sich alles um Reis. Es gibt auch eine Terrasse.

•11 **Centre d'Interpretació del Parc Natural,** Carrer Vicente Baldoví, Tel. 963868050, geöffnet: tgl. 9–14 Uhr, Eintritt: frei. Das Besucherzentrum der L'Albufera ist etwas schwer zu finden: Wenn man von der Straße CV500 in Richtung El Palmar abbiegt, befindet es sich auf der linken Seite. Hier findet man Informationstafeln, einen Aussichtsturm und einen kleinen Wanderweg durch das Naturschutzgebiet. Bus 25: Carretera del Palmar/Pinars.

12 **Mirador Casa Angel** €€, Carretera de Sollana, 85, 46012 El Palmar, Tel. 962112195, www.restaurantecasaangel.com, geöffnet: Mi.–So. 11–17 Uhr. Großes Restaurant in einem traditionellen Bauernhaus, umgeben von Reisfeldern ganz am Ende des Dorfes El Palmar.

41 Weinanbaugebiet Requena-Utiel ★★★

Wein ist das Nationalgetränk in Spanien und gehört zu fast jedem Mittag- und Abendessen dazu – und auch zwischendurch, vorher oder hinterher sagt kaum einer „No" zu einem Glass Tinto (Rot-), Rosado (Rosé-) oder Blanco (Weißwein).

In der Region Valencia werden hervorragende Weine hergestellt. Besonders schön und abwechslungsreich ist das Weinanbaugebiet Requena-Utiel, eine Ebene auf etwa 700 m Höhe, 50 km westlich von Valencia gelegen. Die Weinstöcke sind hier eher niedrig, damit die Traube sowohl von der Sonne als auch vom erhitzten Boden Wärme bekommt und somit viel Zucker produziert, der sich später in Alkohol umwandeln lässt. Auf etwa 40.000 Hektar werden hier fast nur **rote Trauben** angebaut, besonders der **Bobal** (80 % der Gesamtproduktion), eine Traubenart, die es nur in diesem Gebiet gibt. Es gibt etwa 100 **Bodegas** (Weinkeller) und viele von ihnen laden gegen einen Obolus zu Besuch und Weinprobe ein.

Interessant ist auch die kleine **Altstadt von Requena.** Hoch oben auf einem Felsen aus Kalkstein stand eine Festung aus dem 12. Jahrhundert, von der heute allerdings nur noch ein Turm muslimischen Ursprungs zu sehen ist. Vieles spielte sich in der Stadt unterirdisch ab: Spannend ist zum Beispiel der Besuch der **Tunnel**, die von habsburgischen Truppen im Erbfolgekrieg 1706 unter die Stadt gegraben wurden, um sie von hier aus in die Luft zu sprengen. Das konnte im letzten Moment durch eine Kapitulation der Requenser verhindert werden. Die praktischen Bewohner der Stadt nutzten die Tunnel im 20. Jahrhundert unter anderem zum Anbau von Champignons. Der Eingang zu diesen Tunneln befindet sich direkt bei der Touristeninformation.

Eine weitere unterirdische Rarität sind die **Keller unter der Plaça del Albornoz.** Sie wurden zur Lagerung von Wein und Weizen, aber auch als Luftschutzkeller im Bürgerkrieg genutzt. Die Atmosphäre in diesem Labyrinth ist schaurig-schön. Man kann auf Anzeigetafeln stets genau sehen, was sich gerade oberirdisch befindet.

Auch in Requena kann man überall den guten regionalen Wein probieren, zum Beispiel im Geschäft **Ferevin** des Zusammenschlusses der Weinbauern (Ruta del Vino). Requena ist außer für Wein auch noch für seine **Wurst- und Fleischprodukte** bekannt. Im Februar gibt es dafür sogar eine **Feria de Embutidos** (ein Fleischwarenfest). Probieren kann man zum Beispiel herzhafte Wurst mit Orangenstückchen, scharfem Pfeffer oder Mandeln, am besten bei der **Carnicería Emília** auf der steilen Fortaleza-Straße hoch zur Burg.

› Um möglichst viel vom Besuch des Weinanbaugebiets zu haben, lohnt es sich, ein Auto zu mieten. Eine Alternative ist die Fahrt mit dem Hochgeschwindigkeitszug AVE (22 Minuten) ab dem Bahnhof Joaquín Sorolla [B7]. Vor Ort muss man sich dann per Taxi fortbewegen (Taxi Requena: Tel. 608763067 oder 607313253). Außerdem kann man an fast allen Samstagen im Jahr ab dem Estació del Nord 1 einen etwa 8-stündigen Ausflug (inkl. 2 Bodegas und Mittagessen, auf Spanisch und Englisch) mit dem Bus del Vino untnehmen (www.rutavino.com, Erw. 70 €, Kinder unter 4 Jahren 10 €, Kinder 4–12 Jahre 50 €).

Bodegas im Weinanbaugebiet Requena-Utiel

13 **Chozas Carrascal,** Finca Chozas Carrascal, 46390 San Antonio, Tel. 9634103955, www.chozascarrascal.com/en, öffentliche Führungen tgl. 11 Uhr (nach Voranmeldung), Kosten: 10 €. Günstig gelegen: Nur einen kurzen Fußmarsch von der AVE-Station Requena-Utiel entfernt. Schöne traditionelle Bodega mit modernster Technik. Mit kleinem Museum zu Flaschenetiketten.

14 **Hoyas de Cadenas Vicente Gandia,** Carretera Utiel a Camporrobles Km 85, 46313 Las Cuevas de Utiel, Tel. 650847734 oder 663874414, www.hoyadecadenas.es, öffentliche Führungen nach Voranmeldung Fr. u. Sa. 10.30, 12 u. 16.30, So. 10.30 u. 12 Uhr; Kosten: 9 €. Einer der größten Produzenten Spaniens, jährlich werden bis zu 12 Mio. Liter Wein hergestellt. Die Besonderheit dieser Bodega ist der kleine Zug, mit dem man zum historischen Gutshaus fährt.

15 **Pago de Tharsys,** Carretera Nacional III. Km. 274, 46340 Requena, Tel. 962303354, http://pagodetharsys.com/en/enotourism, öffentliche Führungen tgl. nach Voranmeldung, Kosten: 5 €. Neben Wein und Cava werden auch Destillate wie der Orangenlikör Federica, hergestellt. Mit kleinem Hotel.

Requena

16 Tourist Info Requena, Carrer García Montés, 1, Tel. 962303851, geöffnet: Di.-Sa. 10-14 u. 17-20, So. 10-14 Uhr

★**17 Cuevas de la Villa,** Plaça del Albornoz, 6, 46340 Requena, Tel. 962303851, www.turismorequena.es, geöffnet: Di.-So. 12-14 u. 17-19 Uhr, Eintritt: Erw. 4 €, ermäßigt 3 €. Großes Labyrinth aus unterirdischen Kellern, die früher für die Lagerung von Wein, Weizen usw. genutzt wurden.

★**18 Túneles de Requena und Torre de Homenaje,** Carrer García Montés, 1, 46340 Requena, Tel. 962303851, www.turismorequena.es, geöffnet: Di.-Sa. 10-14 u. 16-19 Uhr, So. 10-14 Uhr, Eintritt: 2 €, ermäßigt 1,50 €. Die habsburgischen Truppen untertunnelten im Jahr 1706 die Altstadt, um sie in die Luft zu sprengen und damit Requena für sich zu gewinnen. Heute sind die Tunnel für Besucher zugänglich. Anmeldung in der Touristeninformation. Das Ticket gilt auch für den Wachturm Torre de Homenaje mit Ausstellungen zur Geschichte Requenas.

19 Los Cubillos Gastrobar €€, Carrer Fortaleza, 24, 46340 Requena, Tel. 691382138, http://restaurantelosçu billos.com, geöffnet: Di.-Do. u. So. 10-16.30, Fr. u. Sa. 10-16.30 u. 20.30-1 Uhr. Gerichte aus regionalen Produkten in einem spektakulären unterirdischen Speisesaal.

20 Meson Fortaleza €€, Plaça del Castillo, 3, 46340 Requena, Tel. 962305208, www.restauranteenrequena.com, geöffnet: Mo., Do., Fr. 12.30-16 u. 20.30-23.30, So., Di. 12.30-16 Uhr. Spezialitäten aus Requena in uriger Atmosphäre, mit Terrasse und günstigem Mittagsmenü.

21 Carnicería Emília, Carrer Fortaleza, 10, 46340 Requena, Tel. 962303410, geöffnet: Mo.-Fr. 9-20.30 (manchmal zur Mittagspause geschlossen), Sa. u. So 9-14.30 Uhr. Leckere Wurstsorten, besonders empfehlenswert ist die harte Wurst (Salchichón) mit Orangenstückchen oder Mandelkernen.

22 Ferevin, Carrer Cuesta de las Carnicerías, 46340 Requena, Tel. 962305706, www.ferevin.com, geöffnet: Mo.-Sa. 11-14 u. 16-19 Uhr, So. 11-14.30 Uhr. Sitz der Vereinigung der Weinbauern. Geschäft mit über 280 verschiedenen Weinen, Cavas und Likören. Nicht verpassen: Weinverkostung zum günstigen Preis.

42 Castell de Xàtiva ★★★

Das Jahr 1707 war wohl das schlimmste, das diese Stadt etwa 60 km südwestlich von Valencia je erlebt hat. Weil sie im Spanischen Erbfolgekrieg zur „falschen" Seite gehalten hatte, ließ der Sieger Felipe V. (aus dem Geschlecht der Bourbonen) sie in Brand stecken: Ganze 8 Tage und Nächte sollen die Flammen gewütet haben. Außerdem änderte er den Namen der Stadt in „San Felipe", eine Schmach, die bis zum Jahr 1811 andauern sollte, als die Stadt endlich ihren ursprünglichen Namen zurückerhielt. Als Zeichen für den Hass auf Felipe V. drehten 1940 ein paar Jugendliche kurzerhand das Porträt des Königs im Museum Almudí um – seitdem steht Felipe Kopf.

Hoch über der Stadt stehen **zwei Burgen**, die das Highlight eines Xàtiva-Besuchs ausmachen. Nachdem man durch das Eingangstor geschritten ist, sollte man sich zunächst links halten, um das **Castell Menor** zu besuchen. Hier stand schon zu iberischen Zeiten eine Festung, die durch die Römer weiter ausgebaut wurde. Von dieser Ruine aus hat man einen wunderbaren Ausblick über die Ber-

ge, die Ebene hin zum Mittelmeer und (durch ein gotisches Fenster neben den Latrinen) zur zweiten Burg, das **Castell Major.** Dieser zweite Teil der Burganlage, die Hauptburg, stammt größtenteils aus der islamischen Zeit und dem Mittelalter. Es gibt Kapellen, Tore, Gärten – die Ausdehnung der Burg ist beeindruckend. Während des Besuchs kann man sich verschiedene **Ausstellungen** anschauen, etwa zu den Valencianischen Päpsten Borja (italienisch: Borgia, s. S. 26) oder zur ersten Papierherstellung in Westeuropa – im Jahr 1144 hier in Xàtiva.

Das **Restaurant Mirador del Castell** bietet Kaffee, Tapas oder Mittagsmenüs bei einem weiten Ausblick Richtung Altstadt und Berge. Zusätzlich sind auf dem Weg hoch zu den Burgen das exklusive **Hotel Montsant** und nebenan die wunderbare **Terrassa de Sant Josep** gute Möglichkeiten zum Einkehren. Wer nicht zu Fuß auf den Burgberg steigen möchte, kann den Minizug nehmen, der zweimal täglich hinauffährt (Aufenthalt oben eine Stunde).

In der **Altstadt** lohnt sich ein Spaziergang durch die Gassen vorbei an **der Basilika Santa Maria** und dem gotischen **Hospital Reial.** Auf der Alameda de Jaume I., an der auch das **Ajuntament** („Rathaus") steht, kann man zum Abschluss schauen und shoppen.

› **Castell de Xàtiva,** Carretera del Castell, 46800 Xàtiva, Tel. 962274274, www.xativaturismo.com/castell-de-xativa, geöffnet: Di–So. 10–18, April–Okt. bis 19 Uhr, Eintritt: Erw. 2,40 €, Kinder unter 10 Jahren frei, Kinder 10–18 Jahre und Rentner 1,20 €, dienstagnachmittags Eintritt frei. Man kann mit dem Zug ab dem Estació del Nord 1 in Valencia in etwa 40 Minuten mehrmals täglich nach Xàtiva fahren, Kosten ab 5,20 €.

★23 **Colegiata Basílica de Santa Maria,** Plaça Calixto III, Tel. 962281481, www.xativaturismo.com/la-colegiata, Museum und Glockenturm: Mo.–Sa. 10.30–13, So. 11.30–13 Uhr, Eintritt: 1 €. Gebaut wurde diese beeindruckende Basilika vom Ende des 16. Jahrhunderts mit dem Gedanken, dass sie sich eines Tages in eine Kathedrale ver-

Blick auf das Castell Menor, Ursprung der Burg von Xàtiva

wandeln sollte. Andere Gemeinden wie Valencia und Orihuela gewannen allerdings bald an Bedeutung und so trägt sie bis heute den ehrenvollen Titel einer Basilika. Der Glockenturm ist 60 m hoch und vor dem Haupteingang kann man die Statuen der Valencianischen Päpste Calixto III. und Alexander VI. aus der Familie Borja sehen (s. S. 26).

24 Museu de Belles Arts, Plaça Arquebisbe A. Mayoral, 2, Tel. 962282455, www.xativaturismo.com/museo-de-bellas-artes, geöffnet: Di..-Fr. 10-14 u. 16-18 (Mitte Juni-Mitte September nur vormittags bis 14.30 Uhr), Sa. u. So 10-14 Uhr, Eintritt: Erw. 2,40 €, Kinder unter 10 Jahren frei, Kinder 10-18 Jahre u. Rentner 1,20 €, So. Eintritt frei. In diesem Kunstmuseum hängt das bekannteste aller Bilder der Stadt: König Felipe V. auf den Kopf gestellt. Aber auch sonst gibt es einen interessanten Überblick über die Valencianische Kunstgeschichte.

•**25 Tren Turístico,** Touristinfo, Albereda de Jaume I,50, Tel. 962273346, www.xativaturismo.com, Fahrten: 12.30 u. 16.30 Uhr, Preis: 4,20 €. Kleiner Zug, mit dem man bequem in etwa 20 Minuten auf den Burgberg fahren kann.

› **El Mirador del Castell** €€, Castell de Xàtiva, Tel. 962283824, www.restauranteelmiradordelcastell.com, geöffnet: Di.-So. 10-18 Uhr. In die Burganlage integriertes Restaurant mit wunderbarem Blick über das weite Umland, in dem man regionale Speisen genießen kann.

26 La Picatea de Carmeta €€, Plaça del Mercat, 19, Tel. 619511971, geöffnet: Di.-So. 13.30-16, Fr. u. Sa. zusätzlich 20.30-24 Uhr. Typische Speisen aus der Region mit hervorragenden Reisgerichten. Es empfiehlt sich, vorher anzurufen und Tisch und Paella zu reservieren.

27 Restaurante Mont Sant €€€, Subida al Castell de Xàtiva, Tel. 962275081, http://mont-sant.com. Im Hotel Mont Sant befindet sich das gleichnamige Restaurant mit eleganten innovativen Gerichten aus der Region.

28 Terrassa de Sant Josep €€, Subida al Castell, 33, Tel. 962287956, geöffnet: tgl. 12-19, Fr. u. Sa. bis 1.30 Uhr. Sehr nette Gastroterrasse neben der Josefskirche mit Tapas und spanischer Küche. Es lohnt sich, den nahe gelegenen Aussichtspunkt mit der Faust-Skulptur von Manuel Boix zu erkunden.

43 Castell de Sagunt ★★★

Die Fahrt mit Zug oder Auto nach Sagunt durch die Orangenhaine ist kurz. Nur 30 Minuten nördlich von Valencia liegt die Stadt mit einer der größten Burgruinen Spaniens und dem Römischen Theater. Sie hat etwa 66.000 Einwohner und ist ein eher ruhiges Städtchen.

Auf dem Weg zur Burg, die sich auf dem Berg oberhalb der Stadt befindet, kann man einige interessante Bauwerke sehen. Zunächst wird die **Plaça Cronista Chabret** überquert, an dem die Touristeninformation und der kleine Markt beheimatet sind. Hier sitzen die Rentner, spielen Kinder und es kann gemütlich ein Kaffee getrunken werden.

Vorbei am Rathaus Ajuntament geht es ab jetzt steil bergauf. Die **Iglesia de Santa Maria** aus dem 14. Jahrhundert wurde teilweise mit hellen Steinen gebaut, die von der Burg und dem Römischen Theater stammen. Um die Bedeutung Sagunts, das lange Zeit wichtiger als Valencia war, zu verstehen, empfiehlt sich der Besuch des **Archäologischen Museums.** Untergebracht in einer ehemaligen Handelsbörse aus dem 14. Jahrhundert zeigt es archäologische Reste aus der iberischen und römischen Zeit. Weiter geht es auf der Carrer Castell stets bergauf, vorbei an der **Puerta del Sangre**, dem „Blutstor", das früher der Eingang zum jüdischen Getto war. Das Tor heißt so, weil die kleine **Kirche des Heiligen Bluts** an der dahinterliegenden Straße steht.

Im **Römischen Theater** findet jeden Sommer ein Festival mit Tanz, Theater und Konzerten statt. Das Gebäude ist über 2000 Jahre alt und hatte bis zu 8000 Sitzplätze. Bis heute hat es eine fantastische Akustik. In den 1990er-Jahren wurde es für viel Geld mehr schlecht als recht renoviert und modernisiert. Zum Beispiel wurden die eigentlichen Sitzreihen unter viel Beton und Marmor begraben, was zu einem Streit zwischen Historikern und Architekten führte, der vor dem Höchsten Gericht Spaniens endete: Es muss rückgebaut werden. Das ist aber bis heute nicht passiert.

Nun geht es noch das letzte Stück hinauf zur **Burgruine.** Die Anlage ist weitläufig: Die Mauern sind mit fast 1,5 km die längsten einer Burganlage in Spanien. Es gibt sieben Plätze und auch eine kleine, sehenswerte Epigrafik-Ausstellung (Inschriften auf Steinplatten u. Ä.).

Wie ein Mosaik der Kulturen mischen sich hier **Baustile** der verschiedenen Epochen: iberisch, römisch, islamisch und christlich. Im Jahr 219 v. Chr. besetzte Hannibal, der Kriegsheld des Karthager-Reichs, die Burg.

› **Castell de Sagunt**, Tel. 962617267, geöffnet: Di–Sa. 10–18 Uhr (im Sommer bis 20 Uhr), So. 10–14 Uhr, Eintritt: frei. Burgruine mit Epigrafik-Ausstellung.

29 Archäologisches Museum (Museu Arqueològic), geöffnet: Di.–Sa. 11–18 Uhr (im Sommer bis 20 Uhr), So. 11–15 Uhr, Eintritt: frei

★ **30 Römisches Theater (Teatro romano)**, Plaça Facundo Roca, Tel. 962617267, geöffnet: Di.–Sa. 10–18 Uhr (im Sommer bis 20 Uhr), So. 10–14 Uhr, Eintritt: frei

EXTRATIPP

Unterirdische Flussfahrt in La Vall d'Uixó

Wer mit dem Auto in Richtung Sagunt unterwegs ist, sollte unbedingt einen Abstecher nach **La Vall d'Uixó** machen: Dort befindet sich der **längste schiffbare unterirdische Fluss Europas.** Mit Booten geht es fast einen Kilometer ins Berginnere, wo auch ein Stück zu Fuß zurückgelegt wird. Dieses Naturschauspiel, herrlich ausgeleuchtet, bietet eine fast schon mystische Atmosphäre.

● **35 Les Coves de Sant Josep**, Paratge de Sant Josep, 12600 La Vall d'Uixó. Tel. 964690576, http://covesdesantjosep.es, tgl. 10–13 u. 15.30–17.30, November–Februar nur 10–14 Uhr (stündliche Fahrten, je ca. 45 Minuten), Erw. 10 €, ermäßigt 7 €

31 Andana Aljibe €€, Carrer dels Dolors, 1, Tel. 667530077, geöffnet: Do.–Di. 13.30–16, Fr. u. Sa. zusätzlich 20.30–23.30 Uhr. Junge regionale Küche. Mini-Terrasse und freundlicher Gastraum.

32 Le Fou €€€, Subida al Castell, 49, Tel. 962651357, geöffnet: Fr.–So. 13.30–15.30, Fr. u. Sa. auch 21–23 Uhr. Der französische Besitzer zaubert ausgefallene Gerichte und Cocktails.

33 Palau del Duc €€€, Carrer del Castell 18, Tel. 962651489, www.palaudelduc.es, geöffnet: Sa. u. So 13.30–16 Uhr, Fr. u. Sa. 20.30–23.30 Uhr. Traditionsrestaurant gegenüber dem Archäologischen Museum.

34 Ceramicas Arse, Carrer Vell del Castell, 27, Tel. 962661719, geöffnet: tgl. 10–20 Uhr. Auf dem Weg zur Burg befindet sich dieses schöne Keramikgeschäft mit originellen Souvenirs.

VALENCIA ERLEBEN

031va-srs

Valencia für Kunst- und Museumsfreunde

In Valencia wird Kunst und Kultur täglich gelebt. Die Stadt hat **mehr als 45 Museen**, von Kunst- über Geschichtsmuseen bis hin zu Museen, die es so nur hier gibt wie die größte Sammlung von **Bleisoldaten** oder das empfehlenswerte **Museo Fallero**, in dem man mehr über die Fallas (s. S. 16) erfahren kann.

Ein besonders beliebter Maler ist **Joaquín Sorolla**, ein Impressionist der Jahrhundertwende, der wunderschöne Szenen am Meer oder der Valencianischen Folklore gemalt hat. Einige seiner Werke hängen im **Museu de Belles Arts.** Aber auch im **öffentlichen Raum** findet man immer wieder Kunst: in den Kreisverkehren, im Fluss-Park Túria (22) oder als Graffiti an Wänden.

Museen

In den Museen sind die **Infotafeln** in valencianischer und spanischer Sprache gehalten, manchmal gibt es auch Informationen auf Englisch. Die meisten Museen haben montags und sonntagnachmittags **geschlossen**, ebenso täglich zwischen 14 und 16 Uhr. An Feiertagen, an denen die Museen nicht geschlossen haben (meist 25.12., 1.1., 1.5.), gelten die für Sonntag angegebenen Zeiten. Der **Eintritt** zu einigen Museen ist an Sonn- und Feiertagen frei.

- **36** [D2] **Centre Arqueològic de l'Almoina (Archäologisches Museum),** Plaça Décim Juni Brut, Tel. 962084173, www.museosymonumentosvalencia.com/museos/centro-arqueologico-de-la-almoina, geöffnet: Di.–Sa. 10–19, So. 10–14 Uhr, Eintritt: 2 €, reduziert 1 €, So. Eintritt frei. Neben Kathedrale und Basilika befindet sich unter einer großen, mit Wasser bedeckten Glasfläche eine archäologische Ausgrabungsstätte. An dieser Stelle wurde die Stadt „Valentia" vor über 2000 Jahren gegründet. Auf dem Rundgang besucht man u. a. Reste einer römischen Therme, frühchristliche Gräber und islamische Befestigungsanlagen.

Vorseite: Im März werden Valencias Schutzpatronin Tausende von Nelken geschenkt, die einen 12 m langen Mantel bilden (s. S. 17)

- **37** [B1] **Centre del Carme (Kulturzentrum),** Carrer del Museu, 2, Tel. 963152024, www.consorcimuseus.gva.es/centro-del-Carme, geöffnet: Di.–So. 11–21 Uhr, Eintritt: frei. Das Spannende an diesem Kulturzentrum ist der starke Gegensatz zwischen der gotischen Architektur des früheren Carme-Konvents, den modernen Ausstellungen (von Kulturgeschichte bis hin zu Bildhauerei, Malerei und anderen Kunstformen) und den zahlreichen Aktivitäten für Kinder, Jugendliche und Erwachsene.
- **38** [E3] **Centro Cultural Bancaja,** Plaça de Tetuán, 23, Tel. 960645840, www.fundacionbancaja.es, geöffnet: Mo.–Fr. 10–14 u. 16–21, Sa. 10–14 u. 17–21, So. 10–14 Uhr, Eintritt: frei. Die Bancaja war eine spanische Bank, die der Finanzkrise zum Opfer gefallen ist. Heute betreibt die Stiftung Bancaja ein Ausstellungszentrum für Zeitgenössische Kunst.
- **39** [A2] **Centro Cultural La Beneficència,** Carrer de la Corona, 36, Tel. 963883565, www.labeneficencia.es, geöffnet: Di.–So. 10–20 Uhr, Eintritt: 2 €, reduziert 1 €, Sa. u. So freier Eintritt. Die Beneficència (katholische Einrichtung zur Rettung und für die schulische Ausbildung von Waisenkindern) ist heute Sitz des Museums für Urgeschichte und

Ethnologie. An den Wochenenden finden hier in der neu-byzantinischen Kirche z. B. Workshops für Familien und Konzerte statt.

40 [B4] **Colegio del Arte Mayor de la Seda (Seidengilde),** Carrer de l'Hospital, 7, Tel. 609365418, www.museodelasedavalencia.com, geöffnet: Di.–Sa. 10–18.30, So./Mo. 10–15 Uhr, Eintritt: 6 €, reduziert 4,50 €. Die neuste Hinzufügung (2016) zur Valencianischen Museenlandschaft ist das Seidenmuseum im früheren Sitz der Seidengilde (15. Jahrhundert). Es widmet sich der Geschichte der Gilde, ihren Produkten und der Bedeutung der Seide in Valencia, denn bis ins 19. Jahrhundert war die Stadt eine europäische Hochburg der Seidenproduktion. Sie gehört sogar zur Seidenstraße.

41 [A1] **Institut Valencià d'Art Modern (IVAM),** Carrer de Guillem de Castro, 118, Tel. 963176600, www.ivam.es, geöffnet: Di.–So. 11–19.30, Fr. bis 21 Uhr, Eintritt: 6 €, reduziert 3 €, Fr. 19.30–21 Uhr und So. Eintritt frei. Im Museum der Modernen Kunst werden hauptsächlich Wechselaustellungen gezeigt, die sich mit dem 20. und 21. Jahrhundert beschäftigen. Alle Materialien und Kunstrichtungen finden hier Platz, von der Malerei über Skulpturen hin zur Fotografie. Verpassen sollte man nicht die „Sala de Muralla" mit separatem Eingang: Quer durch den Saal verläuft die mittelalterliche Stadtmauer.

42 [C2] **L'Iber (Bleisoldatenmuseum),** Carrer Cavallers, 20–22, Tel. 963918675, www.museoliber.org, geöffnet: Sa. 11–14 u. 16–19, So. 11–14, August tgl. 10–14 u. 16–19 Uhr, Eintritt: 5 €, reduziert 3 €. Einen eigenen Eintrag im Guinness-Buch der Rekorde hat sich dieses ungewöhnliche Museum verdient: Etwa 95.000 Bleisoldaten (oder besser gesagt: „Bleifiguren") umfasst die Privatsammlung und ist damit die größte weltweit. Von den Dinosauriern bis hin zum Irak-Krieg werden historische Szenen mit viel Liebe zum Detail nachgestellt.

033va-srs

43 [fi] **Museo del Arroz de Valencia (Reismuseum),** Carrer del Rosari, 3, Tel. 963676291, www.museodelarrozvalencia.es, geöffnet: Di.–Sa. 9.30–14 u. 15–19, So. 10–15 Uhr, Eintritt: 2 €, reduziert 1 €, So. frei, Metro 8: Grau-Canyamelar. Reis und Valencia sind untrennbar miteinander verbunden. In dieser ehemaligen Reismühle im Hafen kann man die fast 100 Jahre alte Maschinerie der Mühle besichtigen, die bis heute funktioniert.

44 [fi] **Museo de la Semana Santa Marinera (Museum der Karwoche),** Carrer del Rosari, 1, Tel. 963240745, www.semanasantamarinera.org, geöffnet: Di.–Sa. 10–14 u. 16.30–20.30, So. 10–15 Uhr, Eintritt frei, Metro 8: Grau-Canyamelar. Das kleine Museum widmet sich den Feierlichkeiten der Karwoche, die im Hafenviertel Cabanyal auf besondere Weise begangen werden (s. S. 90).

45 [C1] **Museo del Corpus (Casa de las Rocas),** Carrer de les Roques, 3, Tel. 963153156, geöffnet: Di.–Sa. 10–14 u. 15–19, So. 10–14 Uhr, Eintritt: 2 €, So. Eintritt frei. Bereits im Jahr 1435 wurde

Zahlreiche Museen laden zum Besuch ein

dieses Gebäude exklusiv für die Unterbringung der Karossen (*rocas*, die älteste von 1511) gebaut, die an der Fronleichnam-Prozession teilnehmen. Diese werden von Pferden durch die Straßen gezogen und zeigen biblische Szenen.

46 [D3] **Museo del Patriarca,** Carrer de la Nau, 1 (Plaça del Patriarca), Tel. 692491769, http://patriarcavalencia.es, geöffnet: Mo.-Fr. 10-18, Sa. 10-13 Uhr, Besuch nur mit Führung nach vorheriger Anmeldung (telefonisch oder online) möglich, Eintritt: 7 €, reduziert 5 €. In diesem ehemaligen königlichen Priesterseminar, benannt nach dem Patriarchen Juan de Ribera, findet der Besucher eine Gemäldesammlung (hauptsächlich spanische Künstler des 15. bis 19. Jahrhunderts). Außerdem werden im Rahmen der Führung die Kirche und die Kapelle besucht. Unbedingt Ausschau nach dem Drachen (oder Krokodil?) des Patriarchen halten!

47 [G7] **Museo Fallero,** Plaça Montolivet, Tel. 963525478, museufaller@valencia.es, geöffnet: Mo.-Sa. 10-19, So. 10-14 Uhr, Eintritt: 2 €, So. freier Eintritt, Bus 95: Montolivet - Pere Aleixandre. Wer ein wirklich einmaliges Museum besuchen möchte, sollte sich das Museum der Fallas, des Valencianischen Stadtfests, anschauen. Während der Feuerfeste werden riesige Figurengruppen aus Holz, Styropor und Pappmaché verbrannt. Nur ein *ninot* (eine Figur) wird jedes Jahr für die Ewigkeit gerettet und in diesem Museum ausgestellt. Zusätzlich gibt es die Fest-Poster und Porträts der Königinnen zu sehen. Sehenswert ist auch das Einführungsvideo (auch auf Deutsch).

› **Museo Nacional de Cerámica y Artes Suntuarias „González Martí“,** im Palau del Marqués de Dosaigües 12. In einem Rokoko-Palast (s. S. 26) ist das Spanische Nationalmuseum für Keramik untergebracht. Zunächst führt der Rundgang durch die früheren Gemächer der Familie des Markgrafen Dos Aguas. Danach folgt ein chronologischer Ablauf zur Geschichte der Keramik. Highlights: Werke von Picasso und eine typisch Valencianische Fliesenküche.

2 [C5] **Museo Taurino.** Wer gern einen Blick in die historische Stierkampfarena werfen möchte, der kann dieses Museum

034va-srs

besuchen. Man darf etwa 10 bis 15 Minuten in die Arena (sofern dort keine Stiere sind, an der Kasse nachfragen) und kann außerdem noch im Museum interessante Gerätschaften, farbenfrohe Kostüme und ausgestopfte *toros* (Stiere) bewundern (s. S. 15).

48 [B4] **Museo Valenciano de la Ilustración y la Modernidad (MuVIM),** Carrer de Quevedo, 10, Tel. 963883730, www.muvim.es, geöffnet: Di.–Sa. 10–14 u. 16–20, So. 10–20 Uhr, Eintritt: 2 €, reduziert 1 €, Sa. u. So. freier Eintritt. Neben interessanten wechselnden Ausstellungen zum Thema Moderne (alle Bereiche von Kunst und Geschichte) kann man hier das spannende „Abenteuer des Denkens" erleben: Fast schon wie in einem Freizeitpark geht es in 70 Minuten auf eine Reise durch die Geschichte der Ideen und der Aufklärung durch 15 Säle. Hierzu muss man sich telefonisch anmelden. Die Führung durch das „Abenteuer des Denkens" ist auf Kastilisch, Valencianisch und Englisch möglich.

› **Museu Ciències Naturals (Naturwissenschaftliches Museum),** Jardins del Reial 23, Tel. 963525478, www.museosymonumentosvalencia.com/va/museus/museu-de-ciencies-naturals, geöffnet: Di.-So. 10-19 Uhr, Eintritt: 2 €, reduziert 1 €, So. ab 15 Uhr frei, Bus 1, 95: Sant Pius V/Alboraia. Charmant gelegen in den früheren Königlichen Gärten (s. S. 38) zeigt dieses Museum fünf verschiedene Ausstellungen – die wichtigste umfasst 15 Tierskelette aus der Pleistozän-Zeit (etwa 2.500 Mio-10.000 Jahre v.Chr.), die in Südamerika gefunden wurden.

Das futuristisch anmutende Wissenschaftsmuseum 29 wurde im Jahr 2000 eröffnet

49 [D1] **Museu de Belles Arts,** Carrer de Sant Pius V, 9, Tel. 963870300, www.museobellasartesvalencia.gva.es, geöffnet: Di.–So. 10–20 Uhr, Eintritt: frei, Bus 1, 95: Sant Pius V/Alboraia. Das Museum der Schönen Künste zeigt Werke von der Gotik bis ins frühe 20. Jahrhundert. Es gilt nach dem Prado in Madrid als das zweitwichtigste Kunstmuseum des Landes. Neben Bildern von Künstlern wie Goya oder Velázquez sind die des Valencianischen Impressionisten Joaquín Sorolla, der originalgetreue Nachbau des Innenhofs eines Wohnhauses im Stil der spanischen Renaissance und zahlreiche Werke der Kirchenkunst sehenswert.

29 [dj] **Museu de les Ciències (Wissenschaftsmuseum).** Das Wissenschaftsmuseum ist ein beeindruckender, 220 m langer Bau in der CAC. Hier schlüpfen in einem Brutkasten Küken, ein Foucaultsches Pendel schwingt unentwegt und in interaktiven Ateliers kann der Besucher mehr über physikalische Phänomene lernen (s. S. 42).

50 [ah] **Museu d'Historia de Valencia (Historisches Stadtmuseum),** Carrer València, 42, Mislata. Metro 3, 5, 9: Nou d'Octubre, Tel. 963701105, http://mhv.valencia.es, geöffnet: Di.–Sa. 9.30–19, So. 9.30–15 Uhr, Eintritt 2 €, reduziert 1 €, So. freier Eintritt. Das Historische Stadtmuseum befindet sich etwas abgelegen im ersten Wasserspeicher der Stadt (1850) und beschäftigt sich eher mit „kleiner" als mit „großer" Geschichte von der römischen Stadtgründung bis heute: Wie war der Alltag der Bewohner? Was waren ihre Sorgen und Träume? Multimedia-Installationen und historische Objekte vertiefen den Einblick in die Geschichte.

› **Museu Històric Municipal (Städtisches Geschichtsmuseum),** im Rathaus 4, Tel. 962081181, geöffnet: Mo.–Fr. 10–15 Uhr, Eintritt: frei. Museum mit nur vier

035va-srs

Ausstellungsräumen, in dem man herausragende Exponate zur Geschichte der Stadt findet wie die älteste Flagge und das Schwert von Jaume I. (s. S. 20).

Kunstgalerien

51 [D4] **Ana Serratosa Arte,** Carrer de Pascual i Genís, 19, Tel. 963509000, http://anaserratosa.es, geöffnet: Mo.–Fr. 9.30–14 Uhr u. nach Vereinbarung. Seit 2000 präsentiert die Galerie nationale und internationale Künstler.

52 [D6] **Espai Tactel,** Carrer de Dénia, 25, Tel. 963958808, http.//espaitactel.com, geöffnet: Mo.–Fr. 11–14 u. 17–21 Uhr u. nach Vereinbarung. Bis zu sechs Ausstellungen im Jahr, innovative Kunst, neuste Tendenzen.

53 [E5] **Galería Benlliure,** Carrer de Ciril Amorós, 47, Tel. 963523084, www.galeriabenlliure.com, geöffnet: Mo.–Fr. 11–14 u. 17–20.30, Sa. 11–14 Uhr, Juni–September geschlossen. Werke des 19. und 20. Jahrhunderts, der Moderne und der zeitgenössischen Kunst.

54 [D3] **Luis Adelantado,** Carrer de Bonaire, 6, Tel. 963510179, www.luisadelantado.com, geöffnet: Mo.–Fr. 10–14 u. 16.30–20.30 Uhr, Sa. nach Vereinbarung. Etablierte Galerie für zeitgenössische Kunst auf fünf Etagen.

55 [C6] **Plastic Murs,** Carrer de Dénia, 45, Tel. 963363132, www.plasticmurs.com, geöffnet: Di.–Sa. 17–21 Uhr u. nach Vereinbarung. Im hippen Stadtteil Russafa wird Kunst der modernen Popkultur gezeigt.

Kunst unter freiem Himmel

Zahlreiche Statuen und Kunstobjekte stehen in der Stadt verteilt. Typisch spanisch sind moderne **Statuen in Kreisverkehren,** zum Beispiel **„El Parotet"** („Die Libelle") auf der Glorieta d'Europa (Avinguda de França [di]) und **„La Fuente Pública"** („Die Öffentliche Quelle"), eher bekannt als „Pink Panther", auf der Plaça de Manuel Sanchí Guarner, beide von Miquel Navarro. **„Homenaje al libro"** („Bücherehrung") von Juan Ripollés steht im großen Kreisverkehr am Ende der Avinguda Eduardo Boscà am Fluss-Park und die spektakuläre **Metallstatue von Andreu Alfaro** an der Avinguda d'Aragó [G4] erinnert an die Fußballweltmeisterschaft 1982.

Traditionellere Statuen gibt es zum Beispiel mit **„El Cid"** (1964) von Anna Hyatt Huntington (USA, 1876–1973) an der Plaça d'Espanya [B5/6] und **„Jaume I El Conquistador"** (1891) von Agapito auf der Plaça d'Alfons el Magnànim [E3/4].

◁ *In Museen, Galerien und auf offener Straße: Kunst findet sich überall!*

Auf der **Terrasse des L'Umbracle** 30 finden Wechselausstellungen mit Werken aktueller Bildhauer statt und auch sonst gibt es rund um die CAC (s. S. 40) viel öffentliche Kunst – besonders im Fluss-Park Túria 22. Ein Spaziergang lohnt sich.

Außerdem hat Valencia eine sehr aktive **Graffiti-Szene.** Ständig wechseln die Orte und Kunstwerke, aber besonders im **Stadtteil Carme** [B/C1] mit seinen vielen verwinkelten Straßen wird man immer wieder von kreativer Kunst in hoher Qualität überrascht.

Für Kinofans gibt es am Strand La Malva-Rosa 38 den **Valencianischen „Walk of Fame"** mit Palmen statt Sternen für die Teilnehmer am Filmfestival „Mostra de Valencia", das von 1980 bis 2011 jährlich stattfand.

Kunstwerke auf der Terrasse des L'Umbracle 30

Valencia für Genießer

Essen und Trinken

Lokale Speisen

„Der Valencianer isst an sechs Tagen Reis und am Sonntag Paella." In diesem Sprichwort steckt viel Wahrheit, denn in der Stadt dreht sich alles um den **Reis** und die damit hergestellten Gerichte (s. S. 66). Er spielt eine Hauptrolle in der Valencianischen Küche, allerdings nur beim Mittagessen: Wer abends Reis isst, muss Tourist oder zugewandert sein. Es ist fast so, als ob man in München Weißwurst zum Abendessen bestellt – ein No-Go!

Die mediterrane Küche bietet neben dem Reis einige leckere Spezialitäten und ist zudem noch gesund. Die UNESCO erklärte sie vor Jahren zum Weltkulturerbe. Die Zutaten sind einfach, aber schmackhaft: hervorragendes natives Olivenöl, regional angebautes Obst und Gemüse, qualitativ hochwertiges Fleisch und viel frischer Fisch und Meeresfrüchte.

Ein **typisches Menü** in einem einfachen Restaurant sieht oft so aus: Als **Vorspeise** wird ein gemischter Salat serviert, mit Zutaten aus der L'Horta, dem Gartenland rund um Valencia: Kopfsalate, beeindruckende unförmige Valencianische Tomaten, Zwiebeln, Karotten, Oliven – dazu ein hartgekochtes Ei und Thunfisch. Zur **Hauptspeise** gibt es dann ein Reisgericht, Fisch oder Fleisch mit einer Beilage, zum Beispiel gegrilltes Gemüse oder Pommes Frites. Zum **Abschluss** gibt es entweder frisches Obst oder Pudding bzw. auch mal ein Stück Kuchen. Diese Art von Menü findet man mittags vielerorts für etwa 12 Euro inklusive einem Getränk und Kaffee.

Die Valencianische Küche hat viel Abwechslung zu bieten. Neben Sa-

039va-srs

Salat mit Produkten aus dem Umland: Ensalada Valenciana

040va-srs

Miesmuscheln schmecken zwischen September und April am besten

043va-srs

Pintxos sind schnelle und unkomplizierte Snacks (s. S. 69)

lat ist das **Esgarraet** eine typische kalte Vorspeise: gebratene Paprikastückchen mit *bacalao,* eingelegt in Knoblauch und Olivenöl. *Bacalao* ist in Salz getrockneter Kabeljau, essentieller Bestandteil der Mittelmeerküche. Auch Thunfisch wird auf diese Weise zubereitet und heißt dann *mojama.* Oft isst man auch verschiedene **Tapas** als Vorspeise, die dann als *centro de mesa* serviert werden – in der Tischmitte zum Teilen.

Bei den **Hauptspeisen** spielt der bereits erwähnte **Reis** die Hauptrolle, gelegentlich wird er durch kleine **Nudeln** ersetzt (*Fideuá,* s. S. 67). Außerdem gibt es hervorragenden regionalen **Fisch** wie Sardinen *(Sardinas),* Thunfisch *(Atún),* Seehecht *(Merluza),* Seezunge *(Lenguado)* und **Meeresfrüchte** wie Tintenfisch *(Calamar, Sepia),* Oktopus *(Pulpo)* und Muscheln *(z. B. Mejilliones).* Wer etwas Besonderes probieren möchte, sollte nach *All i Pebre* fragen – ein typisches Gericht aus der L'Albufera 40 mit Aal, Paprika und Knoblauch.

Schweinefleisch wird in Spanien ebenfalls viel gegessen. Das hat vielleicht auch etwas mit der Inquisition, der Verfolgung und Ermordung der Nicht-Christen, zu tun: Wer Schweinefleisch aß, wies sich automatisch als Christ aus, denn das Essen von Schweinefleisch ist Juden und Muslimen verboten. Somit gibt es viele getrocknete Schinkenspezialitäten (*Jamón Serrano, Jamón Ibérico* usw.) und gegrillte oder gebratene Hauptgerichte wie *Lomo* (Lende), *Solomillo* (Filet) oder *Costillas* (Rippchen).

Der Valencianer liebt es süß und so überrascht es nicht, dass ein *Postre* **(Nachtisch)** zu einem guten Essen dazugehört. Typisch sind *Cocas dulces* (dünne Sandkuchen), *Cuajada* (Pudding aus Milch) oder **crema catalana**

(Pudding mit feiner Karamellschicht). **Mandeln und Honig** sind häufig verwendete Zutaten, zum Beispiel im *Arnadí,* der aus einem Teig mit gegrilltem Kürbis und Mandelmehl hergestellt wird. Oder man isst einfach ein Stück **Obst.**

Manche überspringen den Nachtisch und trinken direkt einen **Kaffee.** Beliebt ist der *Carajillo,* eine Mischung aus Espresso, Brandy (spanischer Weinbrand), Zitronenschale, Kaffeebohnen und Zucker, die flambiert wird. Genau das Richtige zum Munterwerden nach einem ausgiebigen Essen.

Tapas

Mittlerweile hat schon jeder einmal was von Tapas gehört oder gelesen – aber worum handelt es sich dabei eigentlich genau? Das Wort „tapa" bedeutet „Deckel", denn ähnlich dem Bierdeckel legte man früher ein Stück Papier oder Ähnliches oben auf sein Glas, damit keine Insekten und kein Staub ins Getränk flogen. Um das Blatt zu beschweren, kam oben ein Stück Brot oder Wurst darauf. Das ist eine der Legenden, wie die Tapas-Kultur entstanden ist. Eine weitere ist, dass ein König sich über die Postkutscher ärgerte, die stets betrunken in Madrid ankamen: Sie hatten in jedem Gasthaus, wo sie die Post auslieferten oder abholten, zur Stärkung ein Glas Bier oder Wein getrunken. Deshalb entschied der König, dass von nun an oben auf dem Getränk etwas Essbares liegen musste, damit die Postkutscher eine Grundlage im Magen hätten.

Ursprünglich war eine „tapa" eine kleine Beilage wie Oliven, Chips oder Nüsse, die der Gast zu einem Getränk erhielt. Nach und nach wurden die Beilagen größer und man bezahlte für sie und mittlerweile sind sie die Hauptattraktion: Man geht „tapear" – also auf eine Tapas-Tour – von Bar zu Bar. Was zunächst ein Snack oder eine kleine Vorspeise war, ist jetzt das eigentliche Gericht. Stets teilt man die Tapas. Sie stehen in der Tischmitte und jeder bedient sich mit einer kleinen Gabel. Dazu trinkt man Wein oder Bier.

Valencianische Spezialitäten

- Clochinas al vapor – frische, gedämpfte Miesmuscheln
- Cocas saladas – feiner gebackener Teig, belegt z. B. mit Pisto (Tomate und Paprika) oder Thunfisch
- Esgarraet – gebratene Paprika, Bacalao (Kabeljau in Salz eingelegt), Olivenöl, Knoblauch
- Tellinas – frische gedämpfte Tellmuscheln
- Puntillas – frittierte kleine Tintenfische mit einem Spritzer Zitrone
- Boquerones al Vinagre – in Essig eingelegte kleine Sardellen

Spanische Klassiker

- Patatas Bravas – frittierte Kartoffelstücke mit Aioli (Knoblauchcreme) und leicht scharfer Paprikasalsa
- Croquetas – frittierte Kroketten aus Bechamelcreme. Es gibt zahlreiche Varianten, z. B. mit Schinken, Bacalao, Gemüse, Pilzen u. v. m.
- Calamares/Sepia – frittierte oder gebratene Tintenfischringe
- Tortilla de Patata – großes Kartoffelomelett, das noch weitere Zutaten wie Chorizo, Zwiebeln usw. enthalten kann
- Ensaladilla Rusa – Kartoffelsalat, u. a. mit Karotten, Oliven, Thunfisch und Mayonnaise
- Jamón Serrano oder Ibérico (luftgetrockneter Bergschinken) mit Manchego-Käse
- Huevos Rotos – Spiegeleier über Kartoffeln und Schinken
- Pimientos al Padrón – kleine gegrillte, grüne Paprikaschoten

Es gibt Reis!

Die Valencianer lieben ihren Reis mit Hingabe. Nicht weit von der Stadt, nur 10 km im Süden, befindet sich beim Süßwassersee L'Albufera 40 *ein großes Gebiet, in dem schon seit muslimischen Zeiten Reis angebaut wird. Der lokale Reis ist perfekt für die* ***Paella,*** *die ihren Namen übrigens von der gleichnamigen flachen Pfanne hat, in der sie zubereitet wird.*

Eine Paella zu kochen und zu essen, ist ein soziales Event, vergleichbar mit dem Grillen: Man trifft sich mit Familie oder Freunden, am besten wird gemeinsam draußen über offenem Feuer (Gas, oder noch besser: Orangenholz) gekocht, oft von Männern, und jeder hat eine Meinung und einen besonderen Tipp, wie es am besten geht. Wenn man nicht so viel Zeit hat, kann man sich auch schnell eine Portion in einem „Horno" (Bäckerei) kaufen, die gelegentlich Mittagstisch zum Mitnehmen anbieten.

Die Valencianer sind sehr stolz auf ihr Nationalgericht. Es gibt sogar einen Verein zum Schutz der Paella. Er wurde gegründet, um zu verhindern, dass einfach alles Mögliche in die Pfanne kommt (Chorizo, Oliven, Spargel usw.). In eine traditionelle ***Paella Valenciana*** *gehören Hühnchen und Kaninchen, in Olivenöl angebraten, und am besten auch noch Schnecken. Wie so viele traditionelle Gerichte war die Paella ein Arme-Leute-Essen, daher auch die Schnecken - Hauptsache Proteine! Heutzutage werden die aber meist weggelassen. Ihre schöne gelbe Farbe erhält die Paella bestenfalls durch Safran (oder den künstlichen Farbstoff „Paella Gelb"), der beim Kochen beigemischt wird. Weiter gehören noch zwei verschiedene Bohnensorten hinein und vielleicht noch etwas Tomate oder Knoblauch. Aus diesen Zutaten wird langsam eine schmackhafte Brühe gekocht. Die Paella ist ein trockener Reis: Wenn er einmal in der Pfanne verteilt ist, wird (im Gegensatz zum Risotto zum Beispiel) nicht mehr gerührt. Der Reis soll die gesamte Flüssigkeit aufsaugen und etwas an der Pfanne ankleben. Zum Schluss darf die untere Reisschicht gern etwas anbrennen. Dadurch bildet sich das knusprige „soccarats" („Angebranntes"), das dann aus der Paellapfanne gekratzt und genüsslich mitgegessen wird - das lieben die Valencianer besonders.*

037va-srs

Jeder bekommt eine Portion auf einem Teller serviert und wer möchte, kann einen Spritzer Zitronensaft hinzufügen oder etwas Aioli (Knoblauchcreme).

Neben der Paella Valenciana gibt es natürlich jede Menge andere Reisgerichte, z. B.:

- ***Arroz al horno:** im Ofen in einer Tonschüssel gebacken mit viel Fleisch und Kichererbsen*
- ***Arroz negro:** mit dem Farbstoff des Tintenfischs gefärbt*
- ***Paella de marisco:** mit Meeresfrüchten*
- ***Al Senyoret:** mit geschälten Meeresfrüchten – für den Señior, der nicht selbst schälen muss*
- ***Arroz a Banda:** mit kleinen Stücken von Meeresfrüchten*

*Im Gegensatz zu diesen trockenen Reisgerichten gibt es den **Arroz meloso**, feuchten oder schleimigen Reis, der in einem Topf gekocht wird und in der Konsistenz irgendwo zwischen Risotto und dickflüssiger Suppe liegt.*

*Auch sehr empfehlenswert: Der Reis in der Paella kann durch **kleine Nudeln** ersetzt werden, das Gericht heißt dann **Fideuá** und ist mit Meeresfrüchten und einem Löffel Aioli besonders beliebt.*

*Egal wie man seinen Reis isst, eine goldene Regel gilt: Es muss **zum Mittagessen** sein! Die Valencianer behaupten, dass er abends zu schwer im Magen liegt und man dann nicht gut schlafen kann.*

◁ Dicke Blutwurst, Knoblauch und Kichererbsen: Arroz al Horno

Lokale Getränke

An dieser Stelle muss besonders die **Horchata** hervorgehoben werden. Wer sie nicht probiert hat, der ist gar nicht richtig in Valencia gewesen, denn die nicht-alkoholische Erdmandelmilch gibt es nur hier. Genaugenommen kommt sie allerdings aus dem Nachbarort Alboraya, dem einzigen Dorf in Spanien, in dem die *Chufa* (Erdmandel) angebaut wird. Es handelt sich um eine kleine Knolle, die ursprünglich aus Nordafrika stammt. Nach der Ernte wird sie mindestens drei Monate getrocknet, bevor sie, mit Wasser und Zucker gemischt, im Mixer zerkleinert wird. Die entstandene Flüssigkeit wird gefiltert und man erhält ein weißliches Getränk, das kühl oder sogar als *Granizado* (mit Eisstücken) serviert wird.

In den *Horchaterías*, speziellen Cafés für dieses Getränk, sollte man dazu einen **Fartón** bestellen, eine Gebäckstange zum Eintauchen in die *Horchata*. Alboraya, wo es in der Avinguda de la Horchata mehrere *Horchaterías* gibt, kann man leicht mit der Metro erreichen. Der kurze Ausflug ist empfehlenswert, aber natürlich gibt es auch in Valencia gute *Horchaterías*.

Aus den 1950er-Jahren stammt der Valencianische Cocktail **Agua de Valencia**, ein Mix aus frischgepresstem Orangensaft, Cava (Sekt), Zucker, Gin und Wodka. Serviert wird er in einem Glaskrug, genau wie die **Sangría**, die es in Valencia natürlich auch gibt. Beide Getränke steigen aufgrund ihres Alkohol- und Zuckergehalts schnell in den Kopf – da spricht man gleich viel besser Spanisch mit dem Kellner.

Weniger gehaltvoll ist der **Wein**, der zu jeder guten Mahlzeit ab dem zweiten Frühstück gehört. Der regionale Wein kommt vor allem aus Reque-

038va-srs

In Spanien wünscht man beim Anstoßen „Salud" („Gesundheit")

na-Utiel 41 und der Provinz Valencia. Verschiedene Böden, Rebsorten und viel Sonne sorgen für eine weite Auswahl an Weinen aus der Region. Rotwein-Liebhaber sollten auf jeden Fall den **Bobal** probieren, eine Rebsorte, die es fast nur hier gibt. Neben Wein werden auch **Cava**, also Sekt, und **Likörwein** wie Mistela aus Moscatel-Trauben produziert.

Regionales Bier ist in Spanien in den letzten Jahren mehr und mehr zum Thema geworden. Bis dahin gab es eigentlich nur große, nationale Marken wie Alhambra oder San Miguel. Nun gibt es in und um Valencia Mikrobrauereien, die gutes Bier herstellen, zum Beispiel Antarra (mit Chufa/Erdmandel), La Soccarada (mit Honig und Rosmarin) und Tyris (aus Weizen). Außerdem kann man das Túria-Bier probieren, das von der spanischweiten Biermarke Damm speziell für Valencia gebraut wird.

Der Favorit unter den Longdrinks ist eindeutig der **Gin Tonic.** Es gibt Bars, die sich nur ihm und seinen vielfältigen Zubereitungsarten widmen, und der Streit um die beste Gin-Marke ist ein beliebtes Smalltalk-Thema. Gern wird er als Aperitif oder nach dem Essen als *Copa* (Drink) getrunken.

Kulinarischer Tagesablauf

Wer zum ersten Mal nach Spanien reist, ist zunächst geschockt von den späten **Essenszeiten:** Mittagessen gibt es zwischen 14 und 15.30 Uhr, am Abend machen die Restaurants oft erst um 21 Uhr auf. Das liegt natürlich an der großen Hitze, die hier im Sommer herrscht und die oft nicht an Essen denken lässt, bevor die Sonne untergeht. Trotzdem fragt man sich, wie die Spanier das durchhalten. Die Antwort ist relativ einfach: Zwischenmahlzeiten. Sie sind fester Bestandteil der Esskultur.

Das **Frühstück** fällt eher klein aus und wird oft in einer *Cafetería* auf dem Weg zur Arbeit eingenommen. Zu einem Kaffee gibt es eine *Bollería* (süßes Gebäck, z. B. Croissant) oder eine *Tostada* (gegrilltes Weißbrot mit Butter und Marmelade oder pürierten Tomaten).

Wichtiger ist das **Almuerzo** oder **l'Esmorzaret**, das zweite Frühstück gegen 11 Uhr. Da gibt es ein paar Tapas oder ein *Bocadillo*, ein belegtes Weißbrotsandwich, dazu kann es gern auch schon mal ein Glas Wein oder Bier geben. So gestärkt kann man die lange Zeit bis zum Mittagessen überbrücken.

Die **Comida** (Mittagessen) beginnt um etwa 14 Uhr, manche essen aber auch erst gegen 15.30 Uhr. In den meisten *Cafeterías* und Restaurants gibt es ein einfaches und kostengünstiges *Menú del Día* mit Vor-, Haupt- und Nachspeise sowie einem Getränk. Das Essen wird in Spanien zelebriert und man nimmt sich viel Zeit dafür, wenn man kann. Am Wochenende darf gerade das Mittagessen auch bis in den späten Nachmittag dauern. Nach dem Dessert springt man nicht sofort auf, denn nun beginnt die **Sobremesa**, das gemütliche Zusammensitzen mit ein paar Getränken.

An normalen Wochentagen, wenn die Kinder zwischen 17 und 18 Uhr aus der Schule kommen und sich der kleine Hunger meldet, gibt es eine weitere Zwischenmahlzeit, die **Merienda.** Hier gibt es etwas Süßes (eine *Bollería,* Obst, Schokoriegel usw.) oder Herzhaftes (*Bocadillo* oder ähnlicher Snack).

Das **Abendessen, la Cena** genannt, beginnt spät, meist gegen 21 Uhr. Vorher ist es schwierig, einen Tisch in einem Restaurant zu bekommen. Oft geht man vor dem eigentlichen Abendessen noch etwas trinken, einen **Aperitivo** wie einen Longdrink, Wein oder Bier mit ein paar Oliven, Chips oder Nüssen. Die *Cena* kann sich bis nach Mitternacht hinziehen, gerade, wenn man nach Café und Nachtisch die beliebten *Copas* (Drinks) wie Gin Tonic und Cuba Libre trinkt.

Trinkgeld

Trinkgeld ist in Spanien eine freundliche Geste, aber keine Pflicht. Wenn man mit der Bedienung zufrieden war, kann man eine *Propina* von **etwa 5 % auf dem Tisch liegen lassen** oder man rundet den zu zahlenden Betrag etwas auf. Mehr als 1 € pro Person für ein Abendessen sind sehr ungewöhnlich.

EXTRAINFO

Leitungswasser

Das Leitungswasser sollte man in Valencia **nicht trinken,** auch wenn dies natürlich nicht gesundheitsschädlich ist. Es hat einen unangenehmen Geschmack, wird mit viel Chlor versetzt und durch kilometerlange, teilweise recht alte Rohre nach Valencia geleitet. Es gibt auch, besonders im Túria-Park, einige öffentliche Trinkwasserbrunnen. Besser ist es aber in jedem Fall, sein Trinkwasser in Flaschen kaufen.

Smoker's Guide

In Spanien gilt seit dem Jahr 2011 ein **totales Rauchverbot.** Es darf weder am Arbeitsplatz oder vor Krankenhäusern, vor Schulen und schon gar nicht in Kneipen und Restaurants geraucht werden. Selbst auf öffentlichen Plätzen gibt es Einschränkungen.

EXTRATIPP

Pintxos – Fastfood auf Spanisch

Deutsche, Österreicher oder Schweizer werden in Valencia schon oft vor den eigentlichen Essenszeiten hungrig, aber die Restaurants haben noch nicht geöffnet. Gut, dass es *Pintxos* gibt! Diese Tradition aus dem Baskenland ist auch in Valencia weit verbreitet: In Pintxo-Bars liegen in einem Glaskasten an der Theke kleine kunstvoll belegte Weißbrote, die mit Zahnstochern zusammengehalten werden. Daneben stehen Teller. Der Gast bedient sich hier selbst, ruft dem Kellner noch kurz zu, was er trinken möchte und setzt sich an einen Tisch. Wenn er fertig ist, zählt der Kellner die Zahnstocher nach und kalkuliert so den zu zahlenden Betrag. Manchmal gibt es kleine Unterschiede zwischen den Zahnstochern, generell gilt: je länger und je mehr Einkerbungen, desto teurer. Ein *Pintxo* kostet normalerweise unter 2 €.

Orangen und Pomeranzen

Wenn man in Zentral- und Nordeuropa Orangen oder andere Zitrusfrüchte kauft, dann sollte man einmal auf das Etikett achten – fast immer stammen diese aus der Comunitat Valenciana (Valencianische Gemeinschaft), deren Hauptstadt Valencia ist. Daher hat der in Deutschland bekannte Orangensaft Valensina seinen Namen.

Wenn man aus der Stadt hinausfährt, gen Norden oder Süden an der Mittelmeerküste entlang, dann reiht sich ein Orangenhain an den anderen. Etwa 35 Orangen- und Mandarinensorten werden angebaut. Besonders schön ist der Besuch von Valencia während der Zeit des „Azahar", der Orangenblüte von Ende März bis Mitte April.

Zitrusbäume tragen gleichzeitig Blüten und Früchte. Andere Obstbäume verlieren ihre Früchte, wenn sie nicht gepflückt werden – das bekannte Fallobst. Der Zitrusbaum benötigt sie im Sommer als Wasserspeicher, wenn der Boden zu trocken wird. Er kann die gleiche Frucht jahrelang halten, wenn notwendig.

Der Export von Orangen hat ab Ende des 19. Jahrhunderts den Reichtum in die Stadt gebracht. Mit dem Geld wurden unter anderem viele neue Gebäude im Stil des Valencianischen Modernismus (s. S. 37) finanziert, wie der Mercado de Colón 21 oder der Hauptbahnhof 1. In ihren Fassaden kann man immer wieder die Orangen als Dekorationselemente finden.

Und auch sonst sieht man überall in der Stadt Orangenbäume. Allerdings handelt es sich hierbei um Pomeranzen oder Bitterorangen, die eigentlich ungenießbar sind. In der Stadt dienen sie schlicht der Dekoration, aber man könnte aus ihren Früchten englische Bitterorangen-Marmelade, den italienischen Aperol-Likör oder Duftöle herstellen.

Hervorhebenswerte Lokale

Mediterrane Küche

56 [E4] **Imperdible** €€€, Carrer de Martínez Ferrando, 5, Tel. 963517926, http://imperdible.com, geöffnet: So. u. Mo. 13.30–15.30, Di–Sa. 13.30–15.30 u. 20.30–23 Uhr. Noch besser als im Mercado de Colón zu essen ist es auf einer Terrasse mit Blick auf den Markt! Neben Reisgerichten gibt es hier auch Fisch und Fleisch, alles professionell von Köchin Silvia Gavara zubereitet.

57 [E7] **La Tasqueta del Mercat** €€, Carrer del Mestre Aguilar, 2, Tel. 6332851, www.latasquetadelmercat.es, geöffnet: Mo.–Sa. 13.30–16 u. 20.30–24 Uhr, WLAN. Frische Küche: Alle Zutaten kommen vom direkt gegenüberliegenden Stadtteilmarkt. Innovativ und lecker.

58 [D4] **Palacio de la Bellota** €€€, Carrer de Mossén Femades, 7, Tel. 963514994, www.palaciodelabellota.com, geöffnet: tgl. 12–23 Uhr. Der große Vorteil dieses Restaurants: Es hat (fast) immer geöffnet, auch zu nordeuropäischen Essenszeiten. Bekannt für Schinken und Fleischgerichte. Deutsche Karte.

Gastro- und Nightlife-Areale

Bläulich hervorgehobene Bereiche in den Karten kennzeichnen Gebiete mit einem dichten Angebot an Restaurants, Bars, Klubs, Discos etc.

Preiskategorien

Die Preise beziehen sich auf ein Hauptgericht und ein Getränk.

€	bis 10 €
€€	10–17 €
€€€	17–25 €
€€€€	über 25 €

59 **Panorama** €€€, Marina Real Juan Carlos I, Tel. 963817171, http://panoramarestaurante.com, geöffnet: tgl. 12–3 Uhr. Elegantes Restaurant mit Terrasse. Von hier hat man mit Abstand den besten Blick auf den Strand La Malva-Rosa und die Marina Real Juan Carlos I. Fisch, Reisgerichte und Fleisch. Montags bis donnerstags Mittagsmenü.

60 [C2] **Saona (2)** €€, Plaça de la Mare de Déu, 8, Tel. 963924250, www.gruposaona.com, geöffnet: tgl. 9–23.15 Uhr, WLAN. Bei diesem Restaurant einer Valencianischen Kette (es gibt fünf Filialen in der Stadt) stimmt alles: Aussicht auf die Plaça de la Mare de Déu, Qualität, Design und Preis. Feste Menüs ab 10 € mit Salaten, Sandwiches und Fleischgerichten. Nicht verpassen: die Banoffee-Torte mit Banane und Sahne!

61 [F4] **Valen&Cia** €€€, Carrer de Sorní, 35, Tel. 963330434, www.valenandcia.com, geöffnet: Mo. 20.30–24, Di.–So. 13.30–16 u. 20.30–24 Uhr, WLAN. Witzig eingerichtetes Restaurant mit Michelin-Männchen und viel Kunst. Auf der abwechslungsreichen Karte stehen u. a. Reis, Austern, Couscous oder Lasagne.

Berühmte Köche

62 [cg] **Joaquin Schmidt** €€€€, Carrer de la Visitación, 7, Tel. 96340170, www.joaquinschmidt.com, geöffnet: Mo. 14–15.30, Di–Sa. 14–15.30 u. 21–22.30 Uhr. Herr Schmidt will jeden Tag für 30 Freunde kochen und viel mehr Personen passen auch gar nicht in sein Minirestaurant mit Wohnzimmer-Feeling. Festes Menü mit vielen Überraschungen, unbedingt reservieren.

63 [dh] **La Salita** €€€€, Carrer de Sèneca, 12, Tel. 963817516, http://lasalitarestaurante.com, geöffnet: Mo.–Sa. 14–17 u. 20–23 Uhr. Begoña Rodrigo hat 2013 die Kochsendung „Top Chef España" gewonnen und ist ein Stern am kulinarischen Himmel Valencias. Die von ihr zubereiteten Gerichte sind eine wahre Freude für Auge und Gaumen.

64 [E6] **Mood Food** €€€, Carrer Pintor Salvador Abril, 7, Tel. 961050269, geöffnet: Di.–Sa. 14–16 u. 20.30–23 Uhr, WLAN. Bei einer entspannten kulinarischen Weltreise kommt gute Stimmung auf: Mood Food mischt Einflüsse aus allen Ecken der Erde. Empfehlenswert ist das 8-Gänge-Menü.

042va-srs

Zur Mittagszeit füllen sich die Terrassen, wie hier am Mercat Central 6

EXTRATIPP

Das Phänomen Ricard Camarena

Dieser Valencianische Chef hat in den letzten Jahren mit seinen Restaurants Michelin-Sterne verdient – und doch ist seine Küche für jeden bezahlbar.

67 [E6] **Canalla Bistro** €€€, Carrer del Maestro José Serrano, 5, Tel. 963740509, www.canallabistro.com, geöffnet: tgl. 13.30–15.30 u. 20.30–23 Uhr. Internationale Einflüsse bestimmen hier die Karte. Der Hit: Das tolle Mittagsmenü kostet nur 15,50 €.

› **Central Bar** €, Mercat Central 6, Plaça del Mercat, Standnummer 105–131, Tel. 963829223, www.centralbar.es, geöffnet: Mo.–Sa. 9–15 Uhr. Mitten im Zentralmarkt gibt es Sandwiches, Salate und Tapas. Das Anstehen, um einen der Barhocker zu ergattern, lohnt sich!

› **Habitual** €€€, Mercado de Colón 21, UG, Tel. 963445631, http://habitual.es, geöffnet: tgl. 13.30–15.30 u. 20.30–22.30 Uhr, WLAN. „Bequemes Essen" ist hier das Motto, Mittelmeerküche mit viel Gemüse.

68 [bg] **Ricard Camarena Restaurant** €€€€, Avinguda de Burjassot, 54, Tel. 963355418, www.ricardcamarenarestaurant.com, geöffnet: Di.–Sa. 13.30–15.30 u. 20.30–22.30 Uhr. Sternerestaurant (ein Michelin-Stern) mit offener Küche und regionalen Produkten. Drei verschiedene Menüs zur Auswahl.

65 [E5] **Riff** €€€€, Carrer del Comte d'Altea, 18, Tel. 671875975, www.restaurante-riff.com, geöffnet: Di–Sa. 13.30–15.30 u. 20.30–23 Uhr. Der deutsche Sternekoch Bernd H. Knöller lebt hier seinen Traum der frischen Mittelmeerküche. Edelste Zutaten von Meisterhand zubereitet. Seit 2009 mit einem Michelin-Stern prämiert.

66 [ej] **Vertical** €€€€, Centro Comercial Aqua, Tel. 933303800, www.restaurantevertical.com, geöffnet: Mo.–Sa. 13.30–16 u 20.30–23 Uhr. Gute Aussicht auf die CAC, feine Sterneküche.

Paella und andere Reisgerichte

69 [fg] **Casa Navarro** €€€, Avinguda del Mare Nostrum, 32, 46120 Alboraya, Tel. 963720027, www.casa-navarro.com, geöffnet: tgl. 13–18, Fr. u. Sa. auch 20–24 Uhr, WLAN. Etwas nördlich des Malva-Rosa-Strands gelegen, ein lohnender Ausflug. Reisgerichte und Fischspezialitäten.

› **El Coso** €€€, im Hotel El Coso del Mar (s. S. 124), Tel. 963728213, www.elcoso.es, geöffnet: tgl. 13.30–16, Di.–Sa. 21–23 Uhr, WLAN. Am Passeig de Neptú gibt es zahlreiche Restaurants. El Coso serviert leckere Reisgerichte.

70 [fi] **La Pepica** €€€, Passeig de Neptú, 6, Tel. 963710366, www.lapepica.com, geöffnet: tgl. 13–16 Uhr, Fr. u. Sa. auch 20.30–23 Uhr, WLAN. Der Klassiker unter den Paella-Restaurants der Stadt: Die Könige und Ernest Hemingway haben schon hier gegessen. Beachtenswert: die offene Küche.

71 [D3] **La Riuà** €€€, Carrer de la Mar, 27, Tel. 963914571, www.lariua.com, geöffnet: Di.–Sa. 14–16.15 u. 21–23, So. 14–16.15 Uhr. Traditionelles Paella-Restaurant mit schöner Fliesendekoration in der Altstadt. Familienbetrieb.

72 [fi] **L'Estimat** €€€, Passeig de Neptú, 16, Tel. 963711018, geöffnet: Mi.–Mo. 13–16 Uhr, Fr. u. Sa. auch 20.30–23 Uhr. Beim Estimat gibt es die beste Fisch-Fideuá, klassische Reisgerichte und hervorragenden Fisch.

73 [C1] **Yuso** €€€, Carrer de la Creu, 4, Tel. 670085549, www.restauranteyuso.es, geöffnet: Fr.–Sa. 13–17.30 u. 20.30–24, So. 13–17.30 Uhr. In einer Gasse im Carme-Viertel werden beste Reisgerichte gekocht.

Tapas

75 [C3] **Boatella** €€, Plaça del Mercat, 34, Tel. 963154071, geöffnet: tgl. 8–1 Uhr. So muss eine echte Tapas-Bar aussehen: Glaskasten mit Gerichten auf dem Tresen, Papiertischdecken und Metalltische auf der schattigen Terrasse.

76 [C2] **Bodeguilla del Gato** €€, Carrer Catalans, 10, Tel. 963918235, geöffnet: tgl. 20.30–23.30 Uhr, WLAN. Beim Gato an der Plaça del Negrito findet man schmackhafte Tapas. In der Gegend gibt es auch sonst einige nette Bars.

77 [fi] **Casa Montaña** €€, Carrer de Josep Benlliure, 69, Tel. 963672314, geöffnet: tgl. 13–16 u. 20–23.30 Uhr (außer sonntagabends). Die Casa Montaña ist eine Institution im Cabanyal – zu Recht! Ausgezeichnete Bodega und leckere Tapas.

78 [C3] **El León** €€, Plaça Redona, 7, Tel. 960052945, www.elleonbar.com, geöffnet: tgl. 11.30–23 Uhr, WLAN. Croquetas, Patatas Bravas, Pimientos al Padrón – alle Klassiker auf einer Terrasse vereint. Probieren: Agua de Valencia, der typisch Valencianische Cocktail aus u. a. Orangensaft und Cava (Sekt).

79 [C2] **Las Cuevas** €€, Plaça de Cisneros, 2, Tel. 963917196, geöffnet: Mo.–Fr. 12.30–1, Sa. 19–1 Uhr, WLAN. Riesige Auswahl an Tapas und eine Terrasse auf einem Platz mit Orangenbäumen.

80 [C1] **María Mandiles** €€, Carrer del Pare d'Òrfens, 2, Tel. 963154884, http://mariamandlies.es, geöffnet: tgl. 9–24 Uhr, WLAN. Die Bar ist im Comic-Stil dekoriert und das Essen wie bei Oma zu Hause. Große Terrasse auf der schönen Plaça del Carme.

81 [C3] **Pintxo i Trago** €, Plaça Redona, 9, Tel. 963926355, geöffnet: tgl. 10–23.30 Uhr. In diesem Lokal mit historischen Ansichten von Valencia und großer Terrasse gibt es Pintxos.

82 [bh] **Rausell** €€, Carrer d'Àngel Guimerà, 61, Tel. 963843193, geöffnet: Mi.–Sa. 8.30–24 Uhr, So. 9–17 Uhr. Die wohl besten Patatas Bravas findet man etwas abseits des Zentrums, aber der Weg lohnt sich. Auch sonst hervorragende Tapas.

83 [B2] **Taberna Jamón Jamón** €€, Carrer de la Bosseria, 36, Tel. 656666443, www.tabernajamonjamon.com, geöff-

EXTRATIPP

Paella-Kochkurs

Wer zum echten Experten für Paellas werden will, der sollte an einem Kochkurs der „Schule für Reisgerichte und Paella Valenciana" teilnehmen – inklusive einem Besuch auf dem Zentralmarkt mit dem Koch, der Zubereitung von einigen Tapas, den Getränken wie Wasser und Wein und vor allem viel Spaß! Täglich um 10 Uhr, Anmeldung online oder per Telefon möglich.

74 [C2] **Escuela de Arroces y Paella Valenciana** €€€, Carrer del Bisbe En Jeroni, 8, Tel.961043540, https://escueladearrocesypaellas.com

044va-srs

045va-srs

net: tgl. 20–1 Uhr. Gemütliches Lokal mit wenigen Tischen, bestem Service und leckeren Tapas.

84 [C3] **Vintara** €€, Plaça de la Reina, 19, Tel. 963924185, www.tabernasvintara.com, geöffnet: tgl. 12–24 Uhr, WLAN. Das einzige, wirklich empfehlenswerte Lokal an der Plaça de la Reina. Mit Blick auf die Kathedrale kann man hier jede Art von Tapas essen.

Fisch und Meeresfrüchte

Neben hervorragenden Reisgerichten bieten die Restaurants am **Passeig de Neptú** 38 auch sehr guten Fisch und Meeresfrüchte. In der Stadt empfehlen sich diese Bars und Restaurants:

85 [bh] **Bar Ricardo** €€, Carrer del Doctor Zamenhof, 16, Tel. 963226949, www.barricardo.es, geöffnet: Di.–Sa. 8–24 Uhr. Bar-Restaurant mit den wohl besten Meeresfrüchten der Stadt, auch Fleisch. Bei den Valencianern sehr beliebt.

86 [D5] **Civera** €€€, Carrer de Mossén Femades, 10, Tel. 963529764, www.mariqueriascivera.com, geöffnet: tgl. 13–17 u. 20–24 Uhr. Eines der besten Fischrestaurants der Stadt, seit über 40 Jahren. Traditionelle maritime Ausstattung.

87 [B2] **La Piraleta** €, Carrer del Moro Zeid, 13, Tel. 963910497, www.barlapilareta.es, geöffnet: tgl. 12–24 Uhr. Für Miesmuscheln bekannt, aber auch Sandwiches und Toasts.

88 [D4] **Ostras Pedrin** €, Carrer de Bonaire, 23, Tel. 963767054, https://ostraspedrinbar.com, geöffnet: Mo.–Sa. 11–1.30, So. 11–16 Uhr. Eine Mischung aus typischer Bar und Austern-Tempel mit weißen Fliesen und hohen Barhockern. Empfehlung: der hausgemachte Wermut.

Vegetarisch

Alle vegetarischen Restaurants haben auch vegane Optionen.

89 [E6] **Ki Biorestaurant** €, Carrer Pintor Salvador Abril, 3, Tel. 654060509, www.kibiorestaurant.com, geöffnet: Mo.–Fr. 13–16 Uhr. Hier geht es bei jedem Gericht auf Weltreise. Mittagsmenü ab 10 €.

90 [B1] **La Tastaolletes** €€, Carrer de Salvador Giner, 6, Tel. 963921862, www.latastaolletes.com, geöffnet: Di.–Sa. 13.30–16 u. 20–23.30, So. 13.30–16.30 Uhr, WLAN. Salate, Tapas, verschiedene Nudelgerichte – hoher Wohlfühlfaktor und leckere Gerichte.

91 [D7] **Malmö** €€, Carrer de Sueca, 46, Tel. 963285428, http://grupocopenhagen.com, geöffnet: Di.–Fr. 20.30–23.30, Sa. 13.30–16 u. 20.30–23.30, So. 13.30–16 Uhr, WLAN. Cooles nordisches Design trifft auf frische Mittelmeerküche, dazu 25 lokale Biersorten – ein Erfolgskonzept!

Am Passeig de Neptú 38 kann man hervorragende Mahlzeiten mit Strandblick genießen

Italienisch

92 [F5] **iDon** €€, Carrer Borriana, 37, Tel. 963356779, www.pizzeriaidon.com, geöffnet: Mi.-Mo. 13-16 u. 20-24 Uhr. Der Neapolitaner backt mit gekonntem Handwerk und Liebe im Steinofen die wohl beste Pizza der Stadt.

93 [F5] **La Gatta** €€, Carrer del Comte d'Altea, 36, Tel. 960081927, geöffnet: Di.-Do. 19.30-24, Fr.-So. 13-16 u. 19.30-24 Uhr, WLAN. Jung, dynamisch und neapolitanisch.

94 [E5] **Lambrusquería** €€, Carrer del Comte d'Altea, 31 u. 36, Tel. 963340753, geöffnet: tgl. 13.30-16 u. 19.30-24 Uhr. Zwei Lokale, die sich schräg gegenüber voneinander befinden. Mit Kerzen beleuchtete Terrassen, hervorragende Pasta und italienische Tapas.

95 [C2] **San Tommaso** €€€, Carrer de la Corretgeria, 39, Tel. 963920755, www.santommaso.es, geöffnet: tgl. 12-16 u. 17.30-24 Uhr (Mi. erst ab 19.30 Uhr). Zentral gelegen, gemütlich dekoriert. Auf der Speisekarte stehen alle bekannten Gerichte der italienischen Küche.

Asiatisch

› **Ma Khin Café** €€€, Mercado de Colón 21, Untergeschoss, Tel. 963528132, www.makhin.com, geöffnet: tgl. 13-24 Uhr. Thailändische Küche modern interpretiert. Restaurant mit vielen witzigen Details im schönen Mercado de Colón.

96 [C5] **Min Dou** €, Carrer de Pelai, 31, Tel. 963813819, geöffnet: tgl. 12-1 Uhr. Echter „Chinese" ohne jeden Schnörkel mit preiswertem, leckeren Essen. Stets gut besucht von der chinesischen Gemeinschaft Valencias.

97 [E6] **Tora** €€, Carrer de Perre III el Gran, 13, Tel. 963119429, www.toravalencia.com, geöffnet: Di.-Sa. 20.30-23.30 Uhr. Sehr gutes japanisches Essen. Keine Reservierung möglich.

EXTRATIPPS

Für den späten Hunger

Generell ist es nicht schwer, noch spät etwas zu essen zu finden, da die Restaurants spätere Öffnungszeiten haben. Diese beiden Lokale sind die typischen Anlaufstellen am frühen Morgen:

101 [C6] **Da Vincci Pizzas** €, Gran Via de les Germanies, 27, Tel. 963418873, geöffnet: Do.-So. 20.30-8 Uhr. Pizza zum Mitnehmen.

102 [C6] **El Horno de los Borrachos** €, Carrer de Sueca, 3, Tel. 963414920, geöffnet: Mo.-Sa. 18-8 Uhr. „Der Bäcker der Besoffenen", seit 1951 im Dienst des kleinen Hungers.

Dinner for One

Wer allein zu Abend essen möchte, wird keinerlei Probleme haben, etwas Nettes zu finden. Empfehlenswert sind Pintxo-Bars wie das **Pintxo i Trago** (s. S. 73), wo alles ganz unkompliziert abläuft.

Marokkanisch, Mexikanisch, Peruanisch

98 [D3] **Al Adwaq** €€, Carrer de la Nau, 16, Tel. 963440235, geöffnet: Mo.-Sa. 13.30-16.30 u. 20.30-23.30 Uhr. Hervorragende marokkanische Küche, u. a. mit Tajine, Couscous und Minzsalat.

99 [D4] **Commo Fusion** €€, Carrer de Pascual i Genís, 3, Tel. 963523649, geöffnet: Mo. 14-16 Uhr, Di.-Sa. 14-16 u. 21-23.30 Uhr. Peruanische Küche, das heißt Ceviche und Tiraditos – hier auf höchstem Niveau als kleine Kunstwerke serviert.

100 [E7] **La Llorona** €€, Carrer Pintor Salvador Abril, 29, Tel. 963287397, www.taquerialallorona.com, geöffnet: tgl. 13.30-15.30 u. 20.30-23 Uhr. Tacos jeder Art, traditionelle mexikanische Gerichte und Getränke – Caramba! Farbenfrohes Lokal und netter Service.

Bäckereien und Cafés

103 [C4] **Antique Cafe** €€, Carrer del Frare 4, Tel. 609775344, WLAN. geöffnet: Mo.–Fr. 8–21 Uhr, Sa. u. So. 17–21 Uhr. Verstecktes, ruhiges Café hinter dem Rathaus mit hausgemachtem Kuchen und verschiedenen Teesorten.

104 [C7] **Celiacruz,** Carrer de Cuba, 54, Tel. 963413388, www.celiacruz.es, geöffnet: Mo.–Sa. 10–14 u. 16.30–21.30, So. 10–21.30 Uhr. Bäckerei und Café mit reicher Auswahl an glutenfreien Produkten, Pizza und Quiches. Am Sonntag Brunch.

105 [C7] **Dulce de Leche,** Carrer Pintor Gisbert, 2, Tel. 960035949, www.pasteleriadulcedeleche.com, geöffnet: tgl. 9–21.30 Uhr, WLAN. Süßes und Herzhaftes hausgemacht. Zweites Café: Carrer Jesus, 71.

106 [C7] **Café ArtySana,** Carrer de Dénia, 49, Tel. 697280999, geöffnet: Di.–Do. 10–19, Fr. u. Sa. 10–0, So. 10–16 Uhr, WLAN. Perfekter Kaffee, dazu gesunde Küche und ein schattiger Innenhof.

107 [C3] **Horno Santa Catalina,** Carrer de la Sombreria, 5, Tel. 963922817, geöffnet: Mo.–Sa. 9–14 u. 16.30–20 Uhr. Schönste Fliesengemälde und traditionelle süße und herzhafte Backwaren aus Valencia.

EXTRATIPP

Der erste Kaffee

Man kann in den *Horchaterías* ein traditionelles Valencianisches Frühstück einnehmen oder die folgenden Cafés ausprobieren:

110 [C7] **Bluebell Coffee Co.** €, Carrer de Buenos Aires, 3, Tel. 963225413, geöffnet: tgl. 9–21 Uhr, WLAN. Hier wird das Thema Kaffee ernstgenommen: Mikrorösterei, 100 % Arabica, Specialty Coffees. Empfehlenswerter Brunch.

111 [C4] **Federal Café** €, Carrer de l'Ambaixador Vich, 15, Tel. 960617596, www.federalcafe.es, geöffnet: Mo.–Sa. 9–24, So. 9–17.30 Uhr, WLAN. Gerade Linien, cooler Stil, hervorragende Eier Benedict.

112 [C3] **Trencat Dolc I Salat** €, Carrer del Trench, 21, Tel. 963122389, geöffnet: Mo.–Sa. 8.30–20 Uhr, WLAN. Herzliche Bedienung, gutes Frühstück und Snacks.

108 [D7] **La Más Bonita,** Carrer Cadis, 61, Tel. 963236400, http://lamasbonita.es, geöffnet: tgl. 8–1.30 Uhr. Wunderbare Torten, guter Kaffee, offene Backstube.

109 [E4] **La Petite Brioche,** Carrer de Sorní, 28, Tel. 963223677, www.lapetitebrioche.es, geöffnet: Mo.–Fr. 9–21, Sa. u. So 9–14 u. 17–21 Uhr, WLAN. Vintage-Design, frisches Brot und Kuchen, Terrasse.

046va-srs

La Más Bonita – bestens geeignet für Tortenliebhaber!

Im traditionellem Fliesendekor: die Horchatería Santa Catalina

Horchaterías

- **Horchatería Daniel** €, Mercado de Colón 21, Tel. 963519891, www.horchateria-daniel.es, geöffnet: So.–Fr. 10–24, Sa. 10–1 Uhr. Im Mercado de Colón eine Horchata aus Alboraya probieren. In Alboraya befindet sich auch das Hauptlokal der Marke: Avinguda de la Horchata, 41.

113 [C3] **Horchatería El Collado** €, Carrer d'Ercilla, 13, Tel. 963916277, geöffnet: tgl. 16–21 Uhr. In den kälteren Monaten werden neben der *Horchata* auch *Buñuelos* frisch zubereitet.

114 [F5] **Horchatería Fabian** €, Carrer Ciscar, 5, Tel. 963349317, geöffnet: Mo.–Fr. 8–13 u. 17–21 Uhr, Sa. u. So. 17–21 Uhr. Klassische Einrichtung, hausgemachte *Horchata* mit *Fartón* und *Buñuelos* (Fettgebäck, das gerne mit Zucker oder heißer Schokolade serviert wird).

115 [C3] **Horchatería Santa Catalina** €, Plaça de Santa Catalina, Tel. 963912379, www.horchateriasantacatalina.com, geöffnet: tgl. 8.15–21.30 Uhr, WLAN. *Horchata,* heiße Schokolade und Backwaren im Fliesenambiente.

Eisdielen

116 [D6] **Glasol** €, Avinguda del Reino de Valencia, 22, Tel. 963163060, www.glasol.es, geöffnet: tgl. 8.30–1.30 Uhr. Kleine Valencianische Kette mit fünf Geschäften. Highlight: Eis in flüssige Schokolade tauchen lassen!

117 [E5] **Heladería La Romana** €, Carrer de Joaquín Costa, 2, Tel. 963338343, www.gelaterialaromana.com, geöffnet: tgl. 12–23 Uhr. 2017 eröffnet und schon zur besten Eisdiele der Stadt erklärt. Italienisches Eis, cremig und nicht zu süß.

118 [C3] **La Nocciola Toscana** €, Carrer d'Avellanes, 1, Tel. 960054720, geöffnet: tgl. 12–22 Uhr, WLAN. Neben Eiskugeln gibt es in der „Haselnuss" auch hausgemachtes Eis am Stil.

047va-srs

EXTRATIPP

Lokale mit guter Aussicht

Beste Aussicht haben diese Lokale:

- **Imperdible** (s. S. 70): Von der Terrasse aus hat man einen wunderbaren Blick auf den Mercado de Colón.
- **Saona (2)**: Gut essen und dabei dem Trubel auf dem Plaça de la Mare de Déu zuschauen (s. S. 71).
- **La Pepica** (s. S. 72): Aussicht auf den Sandstrand La Malva-Rosa
- **El Coso** (s. S. 72): an Valencias Flaniermeile am Mittelmeer, dem Passeig de Neptú
- **Casa Navarro** (s. S. 72): Von der Terrasse hat man eine ungestörte Aussicht auf den Patacona-Strand in Alboraya.
- **María Mandiles** (s. S. 73): an der Plaça del Carme den Ausblick auf spätgotische Architektur und spielende Kinder genießen

119 [C2] **Véneta** €, Carrer dels Bordadores, 8, Tel. 960079317, www.heladeriaveneta.com, geöffnet: tgl. 10–24 Uhr. Valencianischer Familienbetrieb. Die Kreation Galleta de la Abuela („Großmutters Keks") wurde 2013 von einem Komitee der Gelato World Tour zur besten Eissorte Spaniens gewählt.

Valencia am Abend

Der „Abend“ beginnt in Valencia spät: Bis 20 Uhr spricht man häufig noch vom Nachmittag. Das **Abendessen** fängt oft nicht vor 22 Uhr an. Vorher kann man einen kleinen Spaziergang (der traditionelle *Paseo*) machen und einen Aperitif trinken gehen. Nach dem Essen geht man gern *de Copas* (Longdrinks) trinken (vor allem Gin Tonic). In den **Klubs** geht es erst gegen 1 oder 2 Uhr richtig los. Wer gern **Salsa** mag, kann aber schon früher tanzen gehen.

Es gibt mehrere Stadtteile, in denen man ausgehen kann: das traditionelle Viertel **Carme** [B/C1] mit seinen verwinkelten Gassen bietet Bars und Klubs für jeden Geschmack. **Russafa** [C/D7] ist groß in Mode, hip und weltoffen. Im Viertel **Cànovas** [F5] ist alles ein wenig schicker und eleganter. Studenten lieben **Benimaclet** [dg] und im Viertel **Cabanyal** 39 geht es alternativ und innovativ zu. Am Abend werden von **Hostessen** Kärtchen verteilt, mit denen man gratis oder zu einem günstigeren Preis in die Lokale kommt.

Nachtleben

Klubs und Discos

120 [B2] **Café Bolsería,** Carrer del Moro Zeid, 12, Tel. 963918903, geöffnet: tgl. 17.30–3.30 Uhr, Eintritt: oft frei, sonst unter 10 €. In der Bolsería ist täglich etwas los. Seit über 25 Jahren ein fester Bestandteil der Ausgehszene für jüngere Leute (spanisch und international).

121 [B5] **Indiana,** Carrer de Sant Vicent Màrtir, 95, www.indianadisco.com, geöffnet: Do.–Sa. 24–7 Uhr. Für Studenten, Charts.

122 [ei] **La 3 Club,** Carrer del Pare Porta, 3, Tel. 963355319, http://la3club.es, geöffnet: Fr. u. Sa. 1–7.30 Uhr, sonst für Konzerte und Special Events, Eintritt: ca. 10 €. Drei Säle, Pop, Indie Rock, Electronic, Livekonzerte.

123 [D5] **Las Animas Gastroclub,** Carrer Pizarro, 31, www.lasanimasgastroclub.com, geöffnet: tgl. 17.30–3 Uhr, Eintritt: 5–15 €. Am Abend ein schickes Restaurant, dann wird es zu einem Tanzklub mit kommerzieller Musik und Elektro.

› **L’Umbracle Terraza/Mya,** L’Umbracle 30, Avinguda del Professor López Piñero, 5, Tel. 671668000, http://umbracleterraza.com, geöffnet:

048va-srs

Fr. u. Sa. 0–7.30 Uhr, Eintritt: ca. 12 €. Eine spektakuläre Location inmitten der Stadt der Künste und Wissenschaften. Währen der warmen Monate Opern-Air-Disco L'Umbracle, ansonsten unter dem Namen Mya im Inneren des Gebäudes. Absolut empfehlenswert, spanische und internationale Gäste.

124 [fi] **Marina Beach Club,** Marina Real Juan Carlos I, Passeig de Neptú, Tel. 961150007, http://marinabeachclub.com, geöffnet: tgl. 11–4 Uhr, Eintritt: frei. Seit 2016 eines *der* Highlights der Valencianischen Ausgehszene, „sehen und gesehen werden" ist angesagt. Open-Air mit Blick auf das Mittelmeer. Meist elektronische Musik. Ein Mix aus Strand, Restaurants, Bar und Pool mit großer Leinwand. Aktuelle Musik. Hier kann man bequem den Tag verbringen und dann die Nacht zum Tag machen.

125 [C6] **Nylon Club,** Gran Vía de las Germanías, 31, Tel. 963805493, www.nylonclub.es, geöffnet: Fr. u. Sa. 1–7.30 Uhr, Eintritt: bis 2.30 Uhr gratis, dann 10 € inkl. Drink. Zwei Säle, Indie, Electronic, Pop/Rock. Gute Stimmung.

126 [B3] **Radio City,** Carrer de Santa Teresa, 19, Tel. 963914151, http://radiocityvalencia.es, geöffnet: tägl. ab 22 Uhr, Eintritt: 5–15 €, oft frei. Existiert seit 1979. Motto: Musik, Kunst, Kultur, Rebellion und Toleranz. Livemusik, DJs, Flamenco, Tanz, Theater – hier ist immer was los, sehr beliebt.

127 [C6] **XL Xtra Lrge,** Gran Vía de las Germanías, 21, Tel. 654114435, http://xlxtralrge.com, geöffnet: Do.–Sa. 23–3.30 Uhr, Eintritt: frei. Zwei in einem Keller gelegene Tanzflächen. Alter hier meist um die 30 bis 40. Elektro und Indie, entspannte Party-Atmosphäre.

☐ *Ein oder zwei „Copas" („Drinks") gehören zu einem gelungenen Abend in Valencia dazu*

Salsa

128 [F5] **Áche,** Carrer de Salamanca, 17, Tel. 609310632, www.achevalencia.com, geöffnet: tägl. 20–24 Uhr. Tanzkurse und Salsa.

129 [bi] **Ágora Salsa,** Avinguda Pérez Galdós, 71, Tel. 654378269 u. 606813858, tgl. Tanzunterricht, Fr.–So. ab 23 Uhr Tanz. Tanzkurse und Party.

130 [bi] **Asucar,** Carrer Beato Nicolás Factor, 12, Tel. 646818093, www.asucar.es, geöffnet: Do.–Sa. 23–4 Uhr. Größte Salsa-Disco der Stadt. Das Alter der Besucher bewegt sich zwischen ca. 25 und 55 Jahren.

Bars

Gute Bars gibt es zum Beispiel in der Carrer del Comte d'Altea [E6–F5], an der Plaça del Tossal [B2], der Plaça del Negret [C2] und in der Carrer del Litorato Azorín [C/D7] samt Umgebung. Hier einige Highlights:

131 [E5] **Barcode** €€, Carrer de l'Almirall Cadarso, 11, Tel. 963444228, http://thebarcode.com, geöffnet: Di. u. Mi. 17–3 Uhr, Do.–So. 12–3 Uhr. Cocktail-Lounge mit Eigenkreationen und Snacks.

132 [D7] **Café Ubik** €€, Carrer del Literat Azorín, 13, Tel. 963741255, http://ubikcafe.blogspot.com, geöffnet: Mo. u Di. 17–24 Uhr, Mi., Do. u. So 12–24 Uhr, Fr. u. Sa. 12–2 Uhr. Buchladen, Coffeeshop, Bar, Events – im Ubik ist immer was los. Sehr beliebt.

133 [D7] **Cuatro Monos** €€, Carrer Reina Doña María, 7, Tel. 699334216, geöffnet: tägl. 16–1.30 Uhr. Gastro-Pub in italienischer Hand. Cocktails und Smoothies mit natürlichen Zutaten.

134 [E5] **Doce Gin Club** €€€, Carrer de l'Almirall Cadarso, 12, Tel. 963815212, http://doceginclub.com, geöffnet: Di.–So. 13.30–1.30 Uhr. Diese Gin-Bar hält einen Guinness-Buch-Rekord: Mehr als 600 verschiedene Sorten Gin kann man hier probieren.

Kulturzentren

135 [fh] **La Fábrica de Hielo,** Carrer Pavia, 37, Tel. 963682619, www.lafabricadehielo.net, geöffnet: Di.–Fr. 10–14 u. 17–23.30, Sa. u. So. 11–24 Uhr. Unabhängiges kreatives Forum in einer ehemaligen Eisfabrik mit breitem Kulturangebot von Konzerten und Theateraufführungen bis hin zu Ausstellungen und Aktivitäten für Kinder. Tapas und Drinks.

136 [ei] **Las Naves,** Carrer de Joan Verdeguer, 16, Tel. 963531272, www.lasnaves.com, geöffnet: Mo.–Sa. 9–21 Uhr. Innovation ist das Schlüsselwort in diesen alten Industrieanlagen. Kino, Ausstellung, Workshops, Konzerte u. v. m.

Theater und Konzerte

Viele Veranstaltungen finden auf Valencianisch statt, ansonsten auf Kastilisch.

137 [A2] **Café Del Duende,** Carrer Túria, 62, Tel. 630455289, http://cafedelduende.com, Vorstellungen: Do. 22.30, Fr. u. Sa. 23, So. 20 Uhr, Eintritt: 10 € inkl. einem Getränk. Hervorragendes Flamenco-Lokal, öffnet eine Stunde vor der Vorstellung.

049va-srs

› **Circuito Café Teatro Valencia,** in verschiedenen Bars, Tel. 963288282, www.circuitocafeteatro.com, Eintritt: 6 € inkl. Getränk. Kabarett, Stand-up-Comedians, One-Man-Shows. Von Oktober bis Mai Do. bis So. in verschiedenen Lokalen der Stadt. Auf Spanisch und Valencianisch.

138 [ci] **La Bulería – Flamenco,** Carrer Bisbe Jaume Pérez, 24, Tel. 963153058, www.labuleria.com, geöffnet: Fr. u. Sa. Abendessen 21 Uhr, Show 23 Uhr, Eintritt: ab 34 € inkl. Essen und einem Getränk. Südspanische Musik und Kultur kann man auch in Valencia genießen – so wie hier in dieser Flamenco-Show mit Abendessen.

26 [G5] **Palau de la Música.** Im Musikpalast im Fluss-Park werden Sinfonie- und Kammerkonzerte, aber auch ein Kinderprogramm und Popkonzerte angeboten. Es verfügt über ein eigenes Orchester und ist Sitz des Blasorchesters (Banda de Música de Valencia). Gelegentlich gibt es am Sonntag um 11.30 Uhr Gratiskonzerte.

27 [di] **Palau de Les Arts Reina Sofía (Oper),** Tel. 961975800, www.lesarts.com. Die Oper, ein Bau des Architekten Santiago Calatrava, hat vier Säle. Der Hauptsaal beeindruckt durch seine Fliesendekoration, die für einen Musiksaal sehr ungewöhnlich ist. Die Oper hat ein eigenes Orchester. Saison ist von Oktober bis Juni.

‹ Erstklassige Konzerte finden im Palau de la Música 26 statt

Valencia für Kauflustige

Das typische Souvenir, das man in Valencia unbedingt kaufen sollte, gibt es nicht. Das bedeutet allerdings nicht, dass man hier nicht nach Herzenslust shoppen könnte, sondern nur, dass man sich nicht auf eine bestimmte Sache konzentrieren muss. Am besten genießt man vor allem die kulinarische Vielfalt und bringt ein paar extra Kilos mit nach Hause – im Gepäck und auf den Hüften.

Die **Öffnungszeiten** der Geschäfte sind recht lang und meist haben sie auch am Sonntag geöffnet. Der Tag beginnt gegen 10 Uhr, kleinere Geschäfte und Boutiquen machen von etwa 14 bis 17 Uhr eine Mittagspause. Geschlossen wird zwischen 20 und 22 Uhr.

Grundsätzlich muss der **Preis** klar an allen Waren markiert sein. In Spanien wird weder in Geschäften noch auf Märkten (Ausnahme: Secondhand, Flohmarkt oder wenn man in großen Mengen einkauft) gehandelt. Oft wird man beim **Bezahlen mit EC- oder Kreditkarte** nach einem Ausweisdokument gefragt, man sollte also besser immer Ausweis oder Führerschein dabei haben.

Die **Haupteinkaufsstraßen** der Innenstadt heißen **Carrer de Colom** [D5–E4] und **Carrer de Don Juan de Austria** [D4]. Hier findet man gleich drei Filialen der spanischen Kaufhauskette El Corte Inglés, einen Apple Store, Media Markt und viele Bekleidungsgeschäfte internationaler Marken wie Zara, H&M und Desigual. Wer das Besondere sucht, das Extravagante, Ausgefallene, Authentische, also Dinge, die man nicht überall in Europa kaufen kann, der sollte sich in den folgenden Gegenden bewegen:

- **Rund um den Mercado de Colón** 21: Hier findet man vor allem schicke, eventuell auch etwas teurere Boutiquen mit Kleidung und Schuhen für den Alltag, aber auch für besondere Anlässe.
- In den kleinen Gassen des **Carme-Viertels** [B/C1]: bunte Mischung aus Deko-Artikeln, originellen Souvenirs und Kleidung (auch: Secondhand)
- Im Hipsterviertel **Russafa** [C/D7]: ähnlich dem Carme-Viertel, oft mit einem ökologischem Touch
- Teuer wird es auf der Straße **Carrer del Poeta Querol** [D3/4].

Shoppingareale

Die wichtigsten Shoppingbereiche der Stadt sind im Kartenmaterial mit einer rötlichen Fläche markiert.

050va-srs

Ob neu oder Secondhand: in Valencia ist für jeden Geschmack etwas dabei

Malls

Wenn es besonders heiß ist, sind die klimatisierten Malls in und um Valencia eine sehr willkommene Abwechslung. Empfehlenswert sind die folgenden:

140 [dj] **Centro Comercial El Saler,** Avinguda Professor López Piñero, 16, Tel. 963957012, www.elsaler.com, geöffnet: Mo.–Sa. 10–22, So. 11–21 Uhr. Günstig in der Nähe der CAC gelegen, mit Hypermarkt, zahlreichen Geschäften, Kino und Restaurants.

141 [bg] **Centro Comercial Nuevo Centro,** Avinguda de Pius XII, 2, Tel. 963471642, www.nuevocentro.es, geöffnet: Mo.–Sa. 10–22, So. 11–21 Uhr. Neben einem Kaufhaus der Kette El Corte Ingés gibt es hier Modegeschäfte und einen Food Court.

Märkte

Neben dem Mercat Central 6 gibt es noch mehrere Stadtteilmärkte, die normalerweise montags bis samstags zwischen 7 und 15 Uhr geöffnet haben:

142 [fh] **Mercat Cabanyal,** Carrer de Martí Grajales, 4, Tel. 963446316, www.mercadocabanyal.es, geöffnet: Mo.–Sa. 7–14.30 Uhr

143 [D7] **Mercat de Russafa,** Plaça del Barón de Cortes, 11, Tel. 963744025, www.mercatderussafa.com, geöffnet: Mo.–Sa. 7–15 Uhr

144 [B2] **Mercado Mossén Sorell,** Plaça de Mossén Sorell, Tel. 963525478 ext. 4006, geöffnet: Mo.–Mi. u. Sa. 7.30–15 Uhr, zusätzlich Do. 17–20 Uhr (außer Juli–September), Fr. 17.30–21 Uhr

Flohmarkt

145 [dh] **Flohmarkt El Rastro,** Plaça de Luis Casanova, geöffnet: So. 8–14 Uhr. Ein großer, sehenswerter Flohmarkt findet jeden Sonntag direkt neben dem Fußballstadion Mestalla statt. Hier findet man alles von Antiquitäten über Möbel und Spielzeug bis zu Kleinkram. Kann abgesagt werden, wenn der Valencia CF am Sonntagmittag zu Hause spielt.

Souvenirs und Deko

146 [C2] **@typical Valencia,** Carrer de Cavallers, 10, Tel. 963923709, geöffnet: Mo., Di.–Sa. 11–14.30 u. 17–20 Uhr, So. 11–14.30 Uhr. Grafiken, Postkarten und T-Shirts im eigenen, typischen Design.

147 [C1] **Cecilia Plaza Handmade,** Carrer de Roteros, 14, Tel. 960911791, www.ceciliaplaza.com, geöffnet: Mo.–Sa.

051va-srs

10–14 u. 17–20 Uhr. Cecilia Plaza ist eine junge Valencianische Designerin mit ganz eigenem Stil. In ihrem kleinen Laden (und online) findet man farbenfrohe Designs mit viel Humor.

148 [C3] **Preciosea,** Plaça del Doctor Collado, 1, Tel. 960640865, www.preciosea.com, geöffnet: Mo.–Sa. 10.30–14 u. 17–20 Uhr. Flippige Kissen, Taschen, Körbe und so vieles mehr. Alles im modernen, witzigen Design.

149 [B3] **Simple. Hecho en España,** Carrer de les Dances, 5, Tel. 960915693, https://simple.com.es, geöffnet: Mo.–Sa. 10–14 u. 17–20.30, So. 10–14 Uhr. Ein ganz besonderer Laden mit Produkten, die ausschließlich in Spanien hergestellt werden. Von Accessoires über Süßigkeiten bis hin zu Textilien.

Typisch Valencianisch

150 [C3] **Abanicos Vibenca,** Plaça Lope de Vega, 5, Tel. 960050802, http://abanicosvibenca.es, geöffnet: Mo.–Sa. 10.30–13.30 und 17–20 Uhr. Eine Besonderheit dieses familiengeführten Geschäfts ist, dass man in der Nebenstraße Carrer de Martín Mengod durch ein großea Panoramafensters direkt in das Atelier des Fächermalers schauen kann. Auch Auftragsarbeiten.

151 [C4] **Casa Laborda,** Carrer del Músic Peydró, 15, Tel. 963510390, www.casalaborda.com, geöffnet: Mo.–Fr. 9–13.30 Uhr. Ob Spielzeug, Dekorationsartikel oder kleine Möbel, alles ist liebevoll hergestellt und verarbeitet. In der Carrer del Músic Peydró gibt es noch weitere interessante Läden, die handgemachte Holz- und Korbwaren verkaufen.

152 [C3] **Cerámica Colla Monlleó,** Plaça Redona, 12, Tel. 963923043, geöffnet: Mo.–Fr. 10–20 Uhr, Sa. u. So. 10–14 Uhr. Dieses Töpferatelier samt Geschäft befindet sich auf der schönen Plaça Redona (Runder Platz). Alles wird von Hand hergestellt: bemalte Fliesen, Schüsseln, Figuren u. v. m. Man kann auch Bestellungen aufgeben, die dann nach ein paar Wochen verschickt werden.

153 [B3] **Ferretería Guillermo Pedrós,** Plaça del Mercat, zwischen Haupteingang Mercat Central und Fischhalle, Tel. 963829112, geöffnet: Mo.–Fr. 9–20, Sa. 9–14 Uhr. Wer gern eine Paella-Pfanne mit nach Hause nehmen möchte, findet eine gute Auswahl an diesem Außenstand am Mercat Central. Außerdem Keramik und Haushaltsgeräte.

154 **Lladró,** Carrer del Poeta Querol, 9, Tel. 963511625, www.lladro.com, geöffnet: Mo.–Sa. 10–20 Uhr. In der Carrer del Poeta Querol findet man das Hauptgeschäft der traditionsreichen Valencianischen Porzellanmanufaktur, in dem man Figuren und Lampen mit eleganten Blumen und Details kaufen kann.

Ungewöhnliche Geschäfte

155 [C4] **Ale-Hop,** Plaça del Ajuntament, 19, Tel. 963519877, www.ale-hop.net, geöffnet: tgl. 10–21 Uhr. Überall in der Stadt stehen sie, die lebensgroßen, schwarz-weiß gefleckten Kühe, die den Käufer stets am Eingang eines Ale-Hop-Ladens begrüßen. Hier gibt es jede Menge Kleinkram fürs Handy, Schlüsselanhänger, Spielzeug usw. zu günstigen Preisen.

156 [C3] **Guantes J. Camps,** Passatge de Ripalda, 7, Tel. 963522526, www.guantescamps.com, geöffnet: Mo.–Fr. 10–13.30 u. 17–20, Sa. 10–13.30 Uhr. Man mag bei dem warmen Wetter nicht unbedingt an feine Handschuhe denken, aber dieser entzückende Laden in einer historischen Passage ist den Besuch wert. Valencianische Traditionsfirma, die seit 1868 besteht.

Zahlreiche Märkte locken mit großer Auswahl und guten Preisen

Stoffe und Handarbeit

Valencia liebt und lebt Handarbeiten. Für Fans von Stoff und Faden ist hier ein wahres Paradies. Zwei Gegenden sind beachtenswert: die Plaça Redona 10 und die Geschäfte an der Avinguda de l'Oest [B3/4].

157 [B4] **La Casa de los Falleros,** Carrer de Quevedo, 6, Tel. 963521400, www.lacasadelosfalleros.com, geöffnet: Mo.–Fr. 9.30–13.30 u. 16.30–20, Sa. 10–14 u. 16.30–20 Uhr. Wer einmal die schöne Seide und edlen Stoffe, aus denen die Valencianische Tracht der Falleros (s. S. 16) genäht wird, aus der Nähe betrachten möchte, ist hier genau richtig. Im Viertel gibt es noch mehrere Geschäfte, die sich dieser Tradition widmen.

158 [C3] **Mercería Caracena Paco y Pepita,** Plaça Redona, 3 u. 4, Tel. 963925798, www.merceriacarcena.com, geöffnet: Mo.–Sa. 10–14 u. 17–20 Uhr. Am Runden Platz findet man alles rund ums Handarbeiten: Bordüren, Materialien zum Klöppeln, Sticken, Stricken u. v. m. Bei Paco und Pepita gibt es schönste Spitze. Aber auch alle anderen Läden hier sind bemerkenswert. Wer möchte, kann sich auch direkt zu den Damen, die sich hier an den Wochentagen zur gemeinsamen Handarbeit treffen, setzen und mitmachen.

159 [B4] **Tejidos Marina,** Avinguda de l'Oest, 27, Tel. 963526202, ww.tejidosmarina.com, geöffnet: Mo.–Fr. 10–14 u. 16.30–20, Sa. 10–14 Uhr. Großes Geschäft mit Stoffen aller Art für Handarbeiten, Haushalt, Kostüme und traditionelle Valencianische Trachten.

Bücher

160 [D4] **Abacus Cooperativa,** Carrer de Don Juan de Austria, 4, Tel. 963801655, www.abacus.coop, geöffnet: Mo.–Sa. 10–21 Uhr. Bücher in Kastilisch und Valencianisch. Besonders schöne Abteilung für Kinderbücher. In dem zweistöckigen Laden gibt es auch Spielzeug und Bastelbedarf.

161 [bg] **Librería Babel,** Carrer del Pla de la Saïda, 18, Tel. 963480899, www.libreriababel.com, geöffnet: Mo.–Fr. 9.30–14 u. 16.30–20, Sa. 10–14 Uhr. Fremdsprachige Literatur in mehreren Sprachen (auch Deutsch und Englisch) und Schulbücher für Sprachenlerner.

162 [C2] **Librería Paris-Valencia,** Carrer de Navellos, 8, Tel. 963918133, www.parisvalencia.com, geöffnet: Mo.–Sa. 10–20 Uhr. Eine Mischung aus alten und neuen Büchern in Kastilisch und Valencianisch aus allen Bereichen mit vielen Sonderangeboten und vergriffenen Ausgaben.

163 [B4] **Librería Patagonia,** Carrer de l'Hospital, 1, Tel. 963936052, www.libreriapatgonia.com, geöffnet: Mo.–Fr. 9.30–14 u. 16.30–20, Sa. 10.30–14 u. 17–20 Uhr. Alles rund ums Reisen, auch regionale Karten und Bücher über Ausflüge in der Umgebung. Hauptsächlich in Kastilisch und Valencianisch, einige englischsprachige Bücher.

Kleidung

164 [E4] **Alejandra Montaner,** Carrer de Sorní, 30, Tel. 675669032, www.alejandramontaner.com, geöffnet: Mo.–Sa. 10.30–14 u. 17–20.30 Uhr. Kleiner Showroom mit mehreren Marken für Damenmode (Kleidung, Schuhe etc.).

165 [E4] **Bimba Y Lola,** Carrer de Jorge Juan, 17, Tel. 963944180, www.bimbaylola.com, geöffnet: Mo.–Sa. 10–21 Uhr. Designermarke aus Vigo, die nach den beiden Schoßhündchen der Besitzer benannt ist. Gibt es bereits in mehreren Ländern. Frauenmode, Handtaschen, Schuhe.

Bunter Mix in historischen Gemäuern: Mode bei Munay-Ki

052va-srs

166 [D6] **Bjørn Shop Russafa,** Carrer Cadis, 11, Tel. 962066244, geöffnet: Mo.-Fr. 11-14 u. 17.30-20.30, Sa. 11-14 u. 18-21 Uhr. Moderne Männermode mit nordischem Touch.

167 [D7] **CaoKids,** Carrer Cadis, 33, Tel. 961147503, geöffnet: Mo.-Fr. 10.30-13.30 u. 17-20, Sa. 11-13.30 Uhr. Bunte, witzige Mode für Kinder bis 6 Jahren.

169 [C3] **Ephemeral Stores,** Mercado de la Tapineria, Carrer Tapineria, 15-17, Tel. 692227967, www.mercadodetapineria.com, unterschiedliche Öffnungszeiten. Man weiß einfach nie, was einen hier als nächstes erwartet: In diesen Pop-up Stores findet immer wieder was Anderes statt. IKEA hatte hier einen Laden, bevor außerhalb der Stadt die eigentliche IKEA-Filiale eröffnete, es gibt mal Vintage-Klamotten, mal Designer-Handtaschen. Oft modern und immer überraschend.

170 [E4] **Javier Simorra,** Carrer de Jorge Juan, 8, Tel. 963944111, www.javiersimorra.com, geöffnet: Mo.-Sa. 10-20.30 Uhr. Designer aus Barcelona, der Mode für moderne Frauen kreiert.

171 [C6] **La Mar de Guapa,** Carrer de Sueca, 17, Tel. 963060803, geöffnet: Mo. 17.30-20.30, Di.-Fr. 10.30-13.30 u. 17.30-20.30, Sa. 10.30-13.30 Uhr. Günstige hippe Mode für jüngere Frauen.

172 [C3] **LPKN,** Carrer Tapineria, 25, Tel. 695197163, www.lpjnclothes.com, geöffnet: So.-Do. 11-14 u. 17-20, Fr. u. Sa. 11-14 u. 15-21 Uhr. Mode für den modernen Mann, designed in Valencia. Relaxte Hemden, T-Shirts, Poloshirts u. v. m.

173 [B2] **Munay-Ki,** Carrer Cavallers, 38, geöffnet: Mo.-Sa. 12-22 Uhr. Ausgefallene Mode für Frauen in einem Laden in historischen Gemäuern.

174 [E4] **Sandro,** Carrer de Jorge Juan, 4, Tel. 963942852, www.sandro-paris.com, geöffnet: Mo.-Sa. 10-21 Uhr, So. 11-20.30 Uhr. Französische Marke mit geschmackvoller Mode für Frauen und Männer. Geschäft auf zwei Etagen.

Secondhand

175 [D7] **Kauf Vintage,** Carrer Cadis, 38, Tel. 963817901, www.kaufvintage.com, geöffnet: Mo. 17-21, Di.-Sa. 10.30-14 u. 17-21 Uhr. Neben vielen anderen Kuriositäten gibt es Hawaiihemden und Jeansjacken für Mann und Frau.

176 [C7] **Madame Mim,** Carrer de Puerto Rico, 30, Tel. 963255941, geöffnet: Di., Do.-Sa. 11-14 u. 17.30-21.30 Uhr. „Second Hand Freak Shop" – so nennt sich Madame Mim im Untertitel. Der Name ist Programm und es gibt einiges zu entdecken. Eher ein Kunstladen als typischer Secondhandshop.

177 [C3] **SoHo del Carmen,** Carrer dels Drets, 33, Tel. 963912463, geöffnet: Mo.–Sa. 11–21, So. 12–15 Uhr. Secondhandmode, auch Originaltrachten aus Valencia und alte Pelzmäntel.

Schuhe

178 [C3] **L'Espardenyeria Valenciana,** Carrer dels Drets, 19, Tel. 9631556873, www.espardenyeriavalenciana.com, geöffnet: Mo.–Fr. 10–14 u. 17–20, Sa. 10.30–14 Uhr. Espadrilles, leichte Sommerschuhe aus Pflanzenfasern und Tuch, sind wieder groß in Mode. Hier am Mittelmeer haben sie eine lange Tradition.

EXTRATIPP

Shop 'n' Stop

Gegen den kleinen (oder großen) Hunger beim Shoppen helfen rund um die Carrer de Colom die folgenden Cafés und Restaurants:

187 [D5] **beGreen Salad Company** €, Carrer de Martínez Cubells, 10, Tel. 963769314, www.begreensalads.com, geöffnet: Mo. u. Di. 8.30–17, Mi–Fr. 8.30–20.30, Sa. 11–20.30 Uhr, WLAN. Hier gibt es geniale Salate, die man sich individuell zusammenstellen lassen kann, außerdem Wraps, Toasts und Smoothies.

188 [D5] **RAWffee** €, Carrer de Martínez Cubells, 6, Tel. 963527851, www.rawffee.com, geöffnet: Mo.–Sa. 9–23, So. 9–20.30 Uhr, WLAN. Entspannte Bar mit Sofas und Frühstück, Brunch, Salaten, Suppen und Sandwiches.

Im Mercado de Colón 21 gibt es gemütliche Cafés und Snackbars, z. B.

- **Bocados Café,** Tel. 961153035, geöffnet: tgl. 8–23 Uhr, WLAN. Sandwiches, Smoothies, Eis.
- **La Mie Doré,** Tel. 963513886, geöffnet: tgl. 10–22 Uhr, WLAN. Snacks, Eis und *Horchata*.

In diesem kleinen Laden findet man eine tolle Auswahl für die ganze Familie.

179 [C5] **Mary Paz,** Passeig de Russafa, 7, Tel. 963512836, www.marypaz.com, geöffnet: Mo.–Sa. 10–21 Uhr. Große Auswahl an günstigen Schuhen, hergestellt in der Valencianischen Gemeinschaft.

180 [E4] **Mascaró,** Carrer de Sorní, 6, Tel. 963942749, www.jaimemascaro.es, geöffnet: Mo.–Sa. 10–13.30 u. 16.30–20.30 Uhr. Elegante Schuhe, in Handarbeit auf Menorca hergestellt.

181 [D4] **Ulanka,** Carrer Don Juan de Austria, 9, Tel. 963942391, www.ulanka.com, geöffnet: Mo.–Sa. 10–21 Uhr. Moderner Schuhladen mit mehreren Geschäften in der Stadt. Eigene und internationale Marken. Junges Publikum.

Feinkost und spezielle Lebensmittel

182 [B4] **Herbolario Navarro,** Carrer de Sant Vicent Màrtir, 63, Tel. 963522851, www.herbolerianavarro.es, geöffnet: Mo.–Sa. 9–21 Uhr. Auch wenn der Laden „Kräuterladen Navarro" heißt, gibt es hier viel mehr als getrocknetes Grünzeug: Es ist ein großer ökologischer Supermarkt mit Esswaren, Kosmetikartikeln, Ölen u. v. m. Kleine Cafetería mit gutem Mittagsmenü.

183 [E4] **La Chinata Öl,** Carrer de Sorní, 28, Tel. 960053107, www.lachinata.es, geöffnet: Mo.–Sa. 10–14 u. 17–20.30 Uhr. Hier dreht sich alles um Olivenöl: Vom edlen Öl für die Küche bis zum Schönheitsprodukt ist alles dabei.

Am Strand La Malva-Rosa 38 kann man im Marina Beach Club (s. S. 79) stilvoll relaxen

184 [D4] **La Conservera Market,** Carrer de Roger de Llòria, 10, Tel. 963314747, www.laconservera.es, geöffnet: Mo. 17.30–20.30, Di–Sa. 10.30–14.30 u. 17.30–20.30 Uhr. Ein Geschäft nur für Fisch- und Meeresfrüchte-Konserven. Was früher eine Notwendigkeit war, hat sich in den letzten Jahren zum Gourmetprodukt entwickelt.

185 [D5] **La Majada Quesos,** Carrer Fèlix Pizcueta, 15, Tel. 963545028, www.lamajadaquesos.com, geöffnet: Mo.–Sa. 11–23.45 Uhr. Käseladen mit angeschlossenem Restaurant und Weinhandel. Ein Muss für Käseliebhaber! Käseverkostungen, Raclette und Tartiflette (eine Art Kartoffel-Käse-Auflauf).

186 [C3] **Original CV,** Plaça del Mercat, 30, Tel. 963918480, www.originalcv.com, geöffnet: Mo.–Sa. 10–14.30 u. 17–20.30, So. 10.30–14.30 Uhr. Eines der schönsten Geschäfte in ganz Valencia: In dieser historischen Apotheke aus dem Jahr 1880 werden nur Produkte verkauft, die aus der Valencianische Gemeinschaft (Comunitat Valenciana) stammen: Olivenöl, Reis, Marmeladen u. v. m.

Valencia zum Träumen und Entspannen

Gelegentlich wird die Stadt einfach zu hektisch und heiß. Dann wird es Zeit, einen ruhigen, entspannten Ort zum Luftholen und Energietanken aufzusuchen.

In der Altstadt gibt es kleine Parkanlagen, die zum Verweilen einladen. Dazu gehören der **Parque del Parterre** an der **Plaça d'Alfons el Magnànim** [D/E3] und die **Glorieta** [E3], zwei kleine Parks mit riesigen Gummibäumen (Ficus), die angenehmen Schatten spenden. Außerdem liegt am ehemaligen Hospital zwischen der öffentlicher Bibliothek und MuVIM (s. S. 61) der **Parque de la Cultura** [B4].

Eine andere Möglichkeit zum Enspannen ist die **Plaça del Miracle del Mocadoret** [C3]: Eben noch auf dem geschäftigen Platz an der Kathedrale 14 und kaum durch eine Passage gegangen, hat man hier seine Ruhe in einem schönen Hinterhof.

Außerhalb der Altstadt gibt es den längsten Park Europas, den **Fluss-Park Túria** 22. Auf seinen 9 km Län-

053va-srs

ge findet jeder ein stilles Plätzchen. An ihn grenzen weitere Entspannungsoasen: die **Jardins del Reial** 23 mit Springbrunnen und Rosen und die **Jardins de Monforte** [F2]. In diesem früheren Privatpark befindet sich in einer kleinen Gartenvilla das Standesamt.

Ein offensichtlicher Ort zum Relaxen ist der **Strand La Malva-Rosa** 38, an den es natürlich viele Besucher zieht. Dadurch, dass er so breit und lang ist, liegt man hier aber nicht wie in eine Sardinendose gepackt und kann seinen Gedanken ungestört nachhängen.

EXTRATIPP

Ruhige Flecken in der Altstadt

Oft muss man nur eine Straße oder eine Ecke von den geschäftigen Plätzen weggehen und schon findet man kleine Ruheoasen.

- Vor der Generalitat (dem Präsidentensitz) an der Plaça de la Mare de Déu 16 befindet sich ein kleiner **Orangengarten,** der fast immer menschenleer ist.
- Der Innenhof des Museumskomplexes **Centro Cultural La Beneficència** (s. S. 58) ist groß, schattig und bietet Sitzbänke (Eintritt frei).
- •189 [A2] **Jardí Botànic,** Carrer Quart, 80, www.jardibotanic.org, geöffnet: tgl. ab 10 Uhr, je nach Jahreszeit Schließung zwischen 18 und 21 Uhr, Eintritt 2,50 €, Metro: 1, 2: Túria. Botanischer Garten der Universität Valencia, der sich seit 1802 auf diesem Grundstück nahe der Torres de Quart befindet.
- **Plaça del Carme** [C1], direkt am ehemaligen Carme-Kloster, mit ein paar Cafés unter schattigen Bäumen und Palmen

Zur richtigen Zeit am richtigen Ort

Im katholischen Spanien haben fast alle Feste einen religiösen Hintergrund. Zudem kommen noch mehrere „ferias" im alten Túria-Flussbett zwischen Pont de les Flors 25 *und Metrostation Alameda [F3] hinzu.*

Besondere Beachtung verdient auch die **Cuina Oberta** (meist Juni und November): Für wenig Geld (ab 20 €) kann man nach vorheriger Reservierung unter www.valenciacuinaoberta.com in Spitzenrestaurants essen.

Unter **http://au-agenda.com und www.ocio.levante-emv.com/agenda** findet man sich jeweils Veranstaltungskalender, auf denen man sich tagesaktuell über Veranstaltungen informieren kann – allerdings nur auf Spanisch.

Spanische Feiertage

- **1. Januar:** Neujahr
- **6. Januar:** Heilige Drei Könige. Sobald die Kinder am Morgen aufwachen, dürfen sie die Geschenke öffnen, die von den Heiligen Drei Königen im Laufe der Nacht gebracht wurden. Danach gibt es den „Roscón de los Reyes Magos", ein rundes Gebäck mit Cremefüllung. Im Teig sind eine Bohne und eine kleine Figur versteckt: Wer die Bohne bekommt, muss den Roscón zahlen, wer die Figur bekommt, wird zum König gekrönt.
- **12. Oktober:** spanischer Nationalfeiertag. Tag der Entdeckung Amerikas durch Christoph Kolumbus im Jahr 1492. Tag der „Hispanidad" (Spaniertum). Er wird in Valencia weniger pompös begangen, da die Bürger ihre Ursprünge im Königreich Valencia und nicht im Königreich Spanien sehen.

- **1. November:** Allerheiligen. An diesem Tag gedenken die Valencianer ihrer Toten. In den Bäckereien kann man die „Huesos de San Antonio" finden: Marzipan in Knochenform.
- **6. Dezember:** Tag der Verfassung Spaniens. An diesem Tag wurde im Jahr 1978 durch ein Referendum die neue Verfassung Spaniens bestätigt. Ein wichtiger Akt auf dem Weg zur Demokratie.
- **8. Dezember:** Unbefleckte Empfängnis Marias. Durch Messen in den Kirchen und der Kathedrale gefeiert.
- **25. Dezember:** Weihnachtsfeiertag
- **31. Dezember:** Silvester. Bis vor wenigen Jahren gab es zu Silvester kein Feuerwerk, was sehr überrascht, wenn man weiß, wie oft und gern die Valencianer Feuerwerke veranstalten. Seit 2015 gibt es ein Feuerwerk auf dem Rathausplatz 3. Gleichzeitig werden 12 Weintrauben gegessen, eine für jeden Glockenschlag.

Valencianerinnen in der traditionellen Falleras-Tracht

Valencianische Feste und Traditionen

Januar

- **5. Januar:** Gegen 17 Uhr erreichen die **Heiligen Drei Könige** mit einem Schiff die Marina Real Juan Carlos I 34 direkt neben dem Edificio del Reloj 36. Dort werden sie dann meist schon ungeduldig von vielen Kindern erwartet. Anschließend gibt es einen Umzug in der Altstadt mit vielen Paradewagen und Schauspielern.
- **17. Januar: Antonius der Große** gilt als Schutzpatron der Bauern und Tiere. Viele Valencianer bringen ihre Haustiere in die Iglesia San Antonio Abad an der Carrer de Sagunt, um sie mit Weihwasser und einem Spruch vom Pastor segnen zu lassen.
- **22. Januar: San Vicente Mártir** starb im Jahr 303 für seinen christlichen Glauben den Märtyrertod. Eine Prozession zieht zu den Leidensstätten dieses Schutzheiligen.
- **Chinesisches Neujahr:** Das Datum dieses Feiertags fällt in den Zeitraum zwischen Ende Januar und Mitte Februar. Schwerpunkt des wichtigsten Fests im

chinesischen Jahresverlauf sind die Carrer de Pelai und die umliegenden Straßen (Nähe Estació del Nord). Sie werden festlich dekoriert und ein großer Umzug mit Drachen, Musik und Tänzern findet statt. Natürlich darf das Essen nicht fehlen, das in den chinesischen Restaurants serviert wird.

Februar

› **Karneval:** Obwohl dieses Fest aufgrund der Fallas (s. S. 16), die wenige Tage später stattfinden, an Bedeutung verloren hatte, wird es in den letzten Jahren wieder mehr gefeiert, besonders in den Stadtteilen Russafa und Benimaclet. An den farbenfrohen Umzügen nehmen u. a. auch die in Valencia lebenden Brasilianer teil. Eigentlich müsste das Datum genau 40 Tage vor Palmsonntag zu Beginn der Fastenzeit liegen, es kann aber etwas später stattfinden.

März

› **15.–19. März:** Ohne Zweifel das wichtigste aller Feste: Die **Fallas** beginnen bereits Ende Februar, aber die Hauptfeiertage sind vom 15. bis zum 19. März (s. S. 16).

April

› **Ostern:** Im katholischen Spanien wird die *Semana Santa* (Karwoche) überall in großem Stil begangen, um an das Leiden und die Wiederauferstehung des Herrn zu erinnern. In Valencia konzentrieren sich die Feierlichkeiten auf die Stadtviertel am Meer, wie z. B. Cabanyal. Bei der **Palmenweihe** am Palmsonntag wird bei fröhlicher, feierlicher Stimmung des Einzugs Jesu in Jerusalem gedacht, bei dem er mit Palmwedeln (als Symbole des Lebens und des Sieges) begrüßt wurde. Es gibt schon ein paar Tage vorher wunderschöne getrocknete Palmwedel auf den Märkten zu kaufen. Bei den **Karfreitagsprozessionen** haben die verschiedenen Bruderschaften und bewaffneten Gilden (römische Gardetruppen, Legionäre, Henker und Grenadiere) ihren Auftritt, alle in spektakulären Kostümen. Am Karsamstag, wenn um Mitternacht die Wiederauferstehung durch die Kirchenglocken eingeläutet wird, werfen die Anwohner alte irdene Kochtöpfe und Wasser von den Balkonen **(„Trenca de perols“):** Eine symbolische Reinigung, um zu zeigen, dass sie bereit für Neues sind. Die Auferstehung wird beim **Ostersonntagsumzug** zwischen 9 und 14.30 Uhr mit fröhlichen Prozessionen und Feuerwerken gefeiert. Weitere Informationen zur Karwoche findet man unter www.semanasantamarinera.org und im Museum der Karwoche (s. S. 59).

› **San Vicente Ferrer:** Der Montag nach Ostermontag ist der Feiertag des Schutzheiligen der Stadt: San Vicente Ferrer (s. S. 30).

› **Mostra de Vinos, Cavas y Licores:** Wer Wein mag, ist hier richtig! Bei dieser Veranstaltung im Fluss-Park Túria zwischen Pont de les Flors 25 und Metrostation Alameda [F3] kauft man am Infostand Gutscheine für Wein und Tapas und kann dann von Stand zu Stand (insgesamt sind es fast 100) spazieren und es sich gut gehen lassen. Die Aussteller kommen alle aus der Valencianischen Gemeinschaft. Meist findet die Veranstaltung in der Woche zwischen Ostern und San Vicente Ferrer statt. An den Abenden kann es hier sehr voll werden.

› **Gran Feria Andaluza:** Ende April wird im Fluss-Park Túria zwischen Pont de les Flors 25 und Metrostation Alameda [F3] eine Woche lang die südlichste Provinz auf dem spanischen Festland gefeiert: Andalusien. Die vielen Exil-Andalusier lassen mit Musik, Flamenco-Tanz, Pferdeparade, Wein und typischen kulinarischen Spezialitäten die Traditionen ihrer Heimat aufleben. Und jeder darf mitfeiern – bis spät in die Nacht!

Mai

› **Festa de la Mare de Déu dels Desemparats:** Am zweiten Sonntag im Mai wird die Schutzpatronin der Stadt gefeiert, die ihr Zuhause in der gleichnamigen Basilika 17 hat. Am Samstagabend vor ihrem Fest gibt es ein Open-Air-Konzert des Valencianischen Blasorchesters auf der Plaça de la Mare de Déu 16 und anschließend ein Feuerwerk im ausgetrockneten Flussbett des Túria. Am Sonntag werden ab 5 Uhr auf der Plaça de la Mare de Déu Messen gehalten und um 10.30 Uhr kommt es zum wichtigsten Ereignis: Die Jungfrauen-Statue wird auf den Schultern der Anänger der Bruderschaft der Mare de Déu de los Desamprados von der Basilika zur Kathedrale getragen. Auf dem Weg wird sie von Tausenden Valencianern begleitet, die versuchen, sie zu berühren. Im Anschluss gibt es ein Feuerwerk auf dem Rathausplatz 3 und ab 18.30 Uhr wird die Jungfrau in einer Prozession durch die Altstadt gefahren.

› **Festival de las Naciones:** Im Fluss-Park Túria zwischen Pont de les Flors 25 und Metrostation Alameda [F3] findet dieses mehrwöchige Event statt. Bis zu 50 Länder präsentieren ihre Kultur mit Livemusik, Souvenirs und vor allem den beliebten Essständen: Von australischem Bier über argentinisches gegrilltes Fleisch bis hin zur deutschen Currywurst ist alles dabei.

Juni

› **Corpus Christi:** Das Fronleichnamsfest findet 60 Tage nach Ostern statt und wird am folgenden Sonntag begangen. Es findet eine beeindruckende Prozession der Karossen des Corpus Christi, der sogenannten Rocas, statt. Die Rocas greifen verschiedene biblische Themen auf, die älteste ist über 500 Jahre alt. Außerdem werden auf Bühnen Bibelgeschichten nachgespielt, als Giganten (aus Holz, Stoff und Pappmaché) verkleidete Menschen ziehen durch die Stadt und die „Monstranz der Armen“ verlässt das einzige Mal im Jahr die Kathedrale 14. Wer mehr über diese Feierlichkeiten wissen möchte, kann das ganze Jahr über das Museo del Corpus (Casa de las Rocas, s. S. 59) besuchen.

Diese Feuerteufel sind während der Fallas im März auf den Straßen unterwegs

077va-srs

- **23. Juni:** Die **Noche de San Juan** wird in der Nacht vom 23. auf den 24. Juni (Letzterer ist der Geburtstag von Johannes dem Täufer) an den Stränden der Stadt gefeiert, mit einem nächtlichen Bad im Mittelmeer und Lagerfeuern, über die man springen muss. Es wird neben dem Geburtstag des Heiligen auch die Sommersonnenwende gefeiert.

Juli

- **Feria de Julio:** Sommerfest mit Konzerten in den Jardins del Reial und einem Jahrmarkt. Kurios ist der „Blumenkampf" *(Batalla de Flores)* am letzten Sonntag im Juli: Ein aggressiver Blumenregen geht von den Zuschauern auf festlich geschmückte Umzugswagen nieder, die *Falleras* (s. S. 16) im Festtagskostüm schützen ihre Gesichter mit Tennisschlägern. Unbedingt vorher online die Eintrittskarten kaufen (www.spaintastic.es)!

August

- **Tomatina Buñol:** Am letzten Mittwoch im August wird in Buñol, 38 km von Valencia entfernt, die weltbekannte Tomatenschlacht gefeiert, bei der tonnenweise überreife Tomaten auf die Straße gekippt werden. Eintrittskarten gibt es unter www.tomatina.es. Taucherbrille und alte Klamotten sind unbedingt notwendig.
- **Cordà Paterna:** Ein weiteres verrücktes Fest findet am letzten Sonntag im August im Vorort Paterna statt: Auf der Carrer Mayor bewerfen sich gegen 1.30 Uhr am Morgen dick eingepackte Menschen mit Silvesterknallern. Mehr Information auf Spanisch unter www.lacordadepaterna.es.
- Ende August/**Anfang September:** Viele Ortschaften rund um Valencia (z. B. Mislata, Puçol, Xirivella) begehen mit einer Festwoche den **Geburtstag der Jungfrau Maria.**

September

- **Gran Fiesta del Marisco:** Jeder Spanier weiß, wo die besten Meeresfrüchte herkommen: Aus Galicien im Nordwesten! Bei dieser mehrtägigen kulinarischen *feria* im Fluss-Park Túria zwischen Pont de les Flors ㉕ und Metrostation Alameda [F3] servieren die galicischen Aussteller *Pulpo* (Tintenfisch), *Ostras* (Austern), *Mejillones* (Muscheln) und natürlich *Albariño,* eine typische Weißweinsorte.

Oktober

- **9. Oktober: Feiertag der Valencianischen Gemeinschaft.** Am 9. Oktober 1238 ritt der katholische König Jaume I. feierlich mit seiner Gefolgschaft in Valencia ein und vollendete somit die *Conquista* (Eroberung) der Stadt von den Mauren. Der **„Nou d'Octubre"** wird heute ausgiebig mit Feuerwerken, Umzügen und Konzerten gefeiert. Außerdem ist an diesem Tag der Valencianische Valentinstag.

KURZ & KNAPP

Der Tag der Verliebten – 9. Oktober

Die Valencianer haben es richtig gut, denn sie haben nicht nur einen, sondern gleich zwei Valentinstage: am 14. Februar und am 9. Oktober! Am 9. Oktober ist das Fest des Märtyrers **Dionysius von Paris,** der hier als Schutzpatron der Verliebten verehrt wird. Die Männer schenken an diesem Tag ihren Partnerinnen Obst und Gemüse aus Marzipan, die in ein Halstuch gewickelt sind. Die Dame legt sich das Tuch dann für den Rest des Tages um. Außer Marzipanfrüchten werden auch oft die Mandelgebäcke *piuleta* und der *tronador* beigelegt. Was sie genau symbolisieren, ist umstritten, aber ein Blick genügt, um zu sehen, dass es da durchaus unter die Gürtellinie gehen könnte.

VALENCIA VERSTEHEN

056va-srs

Das Antlitz der Metropole

Wer mit dem Flugzeug anreist, kann schon aus der Luft einige markante Merkmale Valencias erkennen: Die Stadt dehnt sich mitten in einer **riesigen Ebene** aus, im Osten begrenzt durch das **Mittelmeer**, im Norden und Westen durch **Gebirgszüge** und im Süden durch **Reisfelder** rund um den größten Süßwassersee Spaniens, L'Albufera (40). Die **geografische Lage** von Valencia ist günstig: Nach Barcelona im Norden sind es etwa 350 km, nach Madrid in Richtung Inland ist es die gleiche Entfernung und Alicante liegt 175 km südlich. Die Balearischen Inseln befinden sich direkt vor der Küste.

Die **Berge** im Umland von Valencia sind um die 700 m hoch, aber nach etwa zweistündiger Autofahrt erreicht man bereits die ersten ca. 2000 m hohen Berge mit Skistation. Es ist also gut möglich, morgens am sonnigen Mittelmeerstrand spazieren zu gehen und am Nachmittag Ski zu fahren.

◁ Vorseite: Die Paella ist fester Bestandteil der Valencianischen Kultur (s. S. 66) – und beliebt!

Ungewöhnlich ist, dass zwischen der Altstadt von Valencia und dem **Mittelmeer** etwa 4 km liegen. Die römischen Stadtgründer suchten einen sicheren Ort in der Ebene und fanden diesen auf einer früheren Insel im Fluss Túria. Die Abgrenzungen der Insel kann man heute noch erkennen: die Ringstraße um die Altstadt zeigt den ungefähren Verlauf.

Wenn man auf erster Erkundungstour in der Stadt unterwegs ist, fällt einem sehr schnell eines auf: Es ist sehr sauber. Das liegt an der Sanierung der Altstadt in den letzten Jahrzehnten und vor allem an der früheren Bürgermeisterin: Ihr war die Sauberkeit sehr wichtig und deshalb fließen viele Millionen Euro in die Stadtreinigung. In den 1990er-Jahren wurden zudem vielerorts im Stadtzentrum Marmorplatten auf den Gehwegen verlegt (Vorsicht: bei Nässe Rutschgefahr!), was zusätzlich einen Eindruck von Ordnung und Sauberkeit schafft.

Valencia ist eine sehr **kompakte Stadt**, Entfernungen können leicht zu Fuß, mit dem Fahrrad oder dem ÖPNV zurückgelegt werden. Im Herzen der Altstadt steht die Kathedra-

le (14) – an einem Ort, der schon von den Römern für ihren wichtigen Diana-Tempel und von den Mauren für die Hauptmoschee gewählt wurde. Es gibt drei **Hauptplätze:** die Plaça de l'Ajuntament (3), die Plaça de la Reina und die verkehrsberuhigte Plaça de la Mare de Déu (16). Es ist natürlich lohnend, sich ein bisschen in der Stadt zu verlaufen und die Straßen und Gassen abseits dieser drei Plätze zu entdecken. Man findet einen interessanten **Architekturmix** vor, bei dem die Gotik, der Barock und vor allem der Valencianische Modernismus (s. S. 37) überwiegen.

Falls man sich wirklich verlaufen sollte, sind die Chancen hoch, das man irgendwann am **Fluss-Park Túria** (22) ankommt, der die Stadt fast zur Hälfte im Norden „umarmt". Sowieso gibt es in Valencia viele Bäume, Grünflächen und Parks – man hat Platz und kann atmen! Dem Fluss-Park Richtung Mittelmeer folgend, kommt man zum modernsten Teil der Stadt: der **Ciutat de les Arts i les Ciències** (s. S. 40, „Stadt der Künste und Wissenschaften"). Die beeindruckende Architektur in Weiß und Blau überrascht viele Reisende, denn über die spanische Grenze hinaus ist dieser Komplex fast völlig unbekannt.

KURZ & KNAPP

Die Stadt in Zahlen

- **Gegründet:** 138 v. Chr.
- **Einwohner:** etwa 800.000
- **Einwohner/km²:** etwa 6.000
- **Fläche:** 134 km²
- **Höhe ü. M.:** 16 m

Am Mittelmeer liegen die traditionellen **Fischerdörfer.** Früher existierten sie unabhängig von der Stadt und waren nur durch einen einfachen Weg durch Felder mit ihr verbunden. Erst im letzten Jahrhundert wurden sie eingemeindet und sind heute fest mit der Altstadt zusammengewachsen – man erkennt es auch an der Architektur entlang der Avinguda del Port [d–fi]: Alles ist relativ „neu".

An Hafen und Strand befinden sich einige Highlights der Stadt: die **Marina Real Juan Carlos I** (34) wurde vor einigen Jahren komplett umgebaut, der **Sandstrand La Malva-Rosa** (38) ist bis zu 80 m breit und das **Fischerdorf Cabanyal** (39) hat einen ganz eigenen Charme.

An die Altstadt grenzen interessante **Stadtviertel**, die vor allem nach 1865 und dem Abriss der Stadtmauer entstanden sind: **Russafa** [C/D7] und **Ensanche/Cànovas** [F5]. Ersteres befindet sich links hinter der Estació del Nord (1), eingerahmt von den großen Avingudas Gran Via de las Germanias, Regne de Valèncía und Peris i Valero. Hier sind vor allem hippe Menschen, junge Familien und Künstler unterwegs. Im Viertel Ensanche/Cànovas (zwischen Carrer de Colom und Avinguda del Regne de Va-

Ein wunderbares Naturspektakel: Sonnenaufgang über den Dächern der Altstadt

lència) spielt der Valencianische Modernismus auf den gerade angelegten Straßen die Hauptrolle. Hier geht es etwas eleganter und schicker zu.

Im Norden der Stadt befinden sich angrenzend an die Avinguda de Blasco Ibáñez und die Avinguda dels Tarongers die großen **Universitäten** und gleich nebenan kann man in das mythische Stadtviertel **Benimaclet** [dg] eintauchen, ein ehemaliges Dorf der L'Horta (Gartenland von Valencia). Ein Gerücht besagt, dass einige der Bewohner nie diesen Stadtteil verlassen, weil sie hier alles haben, was sie brauchen. Vor allem die studentische und alternative Kultur überwiegt, z. B. rund um den Metrostopp „Benimaclet".

Überall in der Stadt kann man an den Hausfassaden immer wieder Schilder mit „Se Vende" („Zu Verkaufen") oder „Se Alquila" („Zu Mieten") sehen – Wohnungsnot herrscht hier nicht. Die **Wohnungen** sind groß und haben meist 3 bis 4 Schlafzimmer – entworfen für die typische Großfamilie. Sie sind aber oft zugig, haben dünne Wände, sind im Sommer zu heiß und im Winter zieht die Kälte und Feuchtigkeit hinein, wodurch es auch leicht schimmeln kann. Kein Wunder, dass sich die Leute viel auf den Plätzen und Bar-Terrassen aufhalten.

Bis vor wenigen Jahren war es noch schwierig, Wohnungen zu mieten: In der spanischen Kultur kaufte man eine Wohnung, sonst würde man ja quasi mit der Miete das Geld zum Fenster rauswerfen. Mittlerweile hat sich diese Einstellung entscheidend geändert, was wohl auch an der Finanzkrise ab 2008 liegt. Gerade steigen die Miet- und Kaufpreise wieder, der Markt erholt sich langsam, wird aber wahrscheinlich nie wieder das Vorkrisenniveau erreichen.

Von den Anfängen bis zur Gegenwart

Valencia wurde vor über 2000 Jahren als Kolonie für Veteranen der römischen Armee gegründet. Blütezeiten erlebte die Stadt vor allem unter der muslimischen Herrschaft, im 15. Jahrhundert (das „Goldene Zeitalter") und zu Beginn des 20. Jahrhunderts durch den Export von Orangen.

Bis heute steht Valencia ein wenig im Schatten der großen Metropolen Madrid und Barcelona, dennoch hat sie sich in den letzten 20 Jahren zu einer **Stadt von internationaler Bedeutung** gemausert. Die sanfte positive Entwicklung zeigt sich in großen Sportveranstaltungen wie dem America's Cup (s. S. 47) und der Austragung von Formel-1-Rennen, aber auch durch den Bau der CAC (s. S. 40).

- **138 v. Chr.:** Gründung der römischen Kolonie Valentia Edetanorum durch Konsul Decimus Iunius Brutus auf einer Insel im Fluss Túria (entspricht der heutigen Altstadt). Die Stadt liegt günstig an der Via Augusta, die Cádiz in Andalusien mit Rom verbindet.
- **75 v. Chr.:** Zerstörung der Stadt im Krieg zwischen dem römischen Feldherrn Pompeius und dem aufständischen Quintus Sertorius, erst 70 Jahre später wird sie wieder aufgebaut.
- **3.–8. Jahrhundert:** Mit dem Untergang des Römischen Reiches verfällt die Stadt in einen Schlummerzustand. Die Westgoten ziehen ein und es gibt die erste frühchristliche Bewegung.
- **ab etwa 713:** Die muslimischen Truppen aus Nordafrika ziehen in Valencia ein. Die maurische Vorherrschaft bestimmt die nächsten Jahrhunderte. Die Stadt ist unter den Namen Medina al-Turab („Stadt des Staubs") und Balansiya bekannt.

- **1099:** Don Rodrigo Díaz de Vivar, bekannt unter dem Namen El Cid, stirbt in Valencia. Er hatte die Stadt im Jahre 1094 von den Mauren erobert. Nach seinem Tod kann seine Frau Jimena sie noch einige Jahre halten, bis sie 1102 wieder an die Muslime zurückfällt.
- **1238:** König Jaume I. von Aragon nimmt die Stadt ein und die christliche Epoche beginnt. Das Königreich Valencia entsteht. Zu dieser Zeit leben in Valencia etwa 120.000 Muslime, 65.000 Christen und 2000 Juden. Die religiösen Gruppen leben zunächst, wie schon vor dem Beginn der christlichen Epoche, mehrheitlich friedlich zusammen.
- **1348:** Die Pest tötet einen großen Teil der Bevölkerung.
- **1396:** Die Juden werden aus der Stadt vertrieben, nachdem sie schon lange Angriffe durch die christlichen Bewohner ertragen mussten.
- **15. Jahrhundert:** Die Stadt wächst, Wirtschaft, Kultur und Künste florieren. Gebäude wie die Seidenbörse sind noch heute Zeugen dieses „Goldenen Zeitalters".
- **1499–1502:** Gründung der Universität durch den Valencianischen Papst Alexander VI. aus der Familie der Borja (s. S. 26).
- **1609:** Die Muslime werden aus Valencia vertrieben. Fast 25 % der Bevölkerung müssen nach Nordafrika auswandern. Auch die letzten verbleibenden Juden werden zur Ausreise gezwungen.
- **1707:** Felipe V. aus dem Hause der Bourbonen siegt gegen „Los Austrias", das Habsburger-Geschlecht, und sichert damit seine Herrschaft in Spanien. Da die Valencianer zu den Habsburgern gehalten haben, werden sie schwer bestraft: Ihnen wird ihre politische und juristische Freiheit genommen, sie sind nun unter kastilischer Kontrolle.
- **1812:** Die napoleonischen Truppen nehmen bis 1814 die Stadt ein.

- **1865:** Die Stadtmauer wird nach und nach abgerissen, die Stadt expandiert und neue Stadtviertel wie Ensanche und Cànovas entstehen. Die Einwohnerzahl liegt bei ca. 140.000.
- **1909:** Regionalausstellung (eine Art Weltausstellung auf regionaler Ebene). Die Industrialisierung und Modernisierung schreitet stets voran. Um 1900 hat die Stadt bereits 213.500 Einwohner.
- **1937:** Während des Spanischen Bürgerkriegs wird Valencia zeitweise Hauptstadt der Zweiten Republik. Nach dem Sieg General Francos beginnt 1939 die lange Zeit der faschistischen Diktatur.
- **1957:** Im Oktober kommt es durch den Fluss Túria zu einer der schwersten Überschwemmungen in der Geschichte Valencias. Daraufhin wird er in einen Kanal im Süden der Stadt geleitet.

Der christliche König Jaume I. von Aragon eroberte 1238 die Stadt

- **1975:** General Franco stirbt in Madrid. Der neue König Juan Carlos I. führt das Land in die Demokratie. Valencia wird Hauptstadt der Comunitat Valenciana, einer von 17 Autonomen Gemeinschaften.
- **1980:** Im trockenen Flussbett des Túria ensteht ein Park.
- **1981:** Am 23. Februar findet durch Militärkräfte unter Führung von Jaime Milans del Bosch, einem Generalleutnant, der Versuch eines Staatsstreichs statt. In Valencia rollen Panzer durch die Straßen. Durch eindringliche Aufforderungen und Verhandlungen können König Juan Carlos I. und die spanische Regierung den Aufstand nach einigen Stunden beenden.
- **1998:** Mit dem IMAX-Kino L'Hemisfèric wird das erste Gebäude der Ciutat de les Arts i les Ciències, der „Stadt der Künste und Wissenschaften", eröffnet. Durch den Bau des modernen Komplexes wird Valencia auf internationalem Niveau bekannter.
- **2007:** Dank der schweizerischen Mannschaft Alinghi wird der international renommierte Segelwettbewerb America's Cup in Valencia ausgetragen. Aus diesem Grund wird der Hafen komplett umgebaut. Alinghi gewinnt auch diesen Cup und bringt die Veranstaltung 2010 erneut nach Valencia.
- **Ab 2008:** Die große Wirtschaftskrise in Spanien trifft auch die Valencianische Metropole stark.
- **2008–2012:** Formel-1-Rennen in den Straßen des Hafenviertels
- **2016:** Die Fallas (s. S. 16), das Stadtfest von Valencia, wird durch die UNESCO zum Immateriellen Weltkulturerbe erklärt.

Das trockene Túria-Flussbett 22 wurde ab 1980 zu einem Park mit Sportmöglichkeiten umgebaut

Leben in der Stadt

Valencia ist die **Hauptstadt der Autonomen Gemeinschaft Comunitat Valenciana** und hat **etwa 800.000 Einwohner.** Bis heute leidet die Stadt an den schweren Folgen der **Wirtschafts- und Immobilienkrise** von 2008. Ihre Verschuldung betrug 2012 mehr als 977 Mio. Euro (2017: 616 Mio. Euro). Die **Arbeitslosenquote** lag 2013 bei fast 27 % und liegt aktuell (2017) bei 19 %. Die Jugendarbeitslosigkeit stieg bis auf 54 % und liegt auch 2017 noch bei über 40 %.

Seit Mai 2015 gilt in der **Valencianischen Politik** eine neue Zeitrechnung: Das Vor und das Nach der PP bzw. **Rita Barberá Nolla.** Sie regierte mit ihrer **PP** (Partido Popular, Volkspartei) 24 Jahre lang als Bürgermeisterin die Stadt. Die Wahlniederlage kam nach Jahren der absoluten Mehrheit, in denen viel Geld verschwendet wurde. Bis heute werden immer neue Korruptionsfälle aus den PP-Jahren aufgedeckt.

Der Regierungswechsel zu einem **Mitte-Links-Bündnis** tut der Stadt gut: Die Bürger können aktiv an Entscheidungsprozessen teilnehmen (z. B. per Internetabstimmungen) und langsam kommt die Wirtschaft wieder in Schwung. Rita Barberá Nolla starb übrigens ein Jahr nach ihrer Abwahl in einem Hotel in Madrid an einem Herzinfarkt, nachdem sie zwei Tage vorher vom Obersten Gerichtshof wegen des Vorwurfs der Geldwäsche verhört worden war.

Wovon lebt die Stadt eigentlich? Die **Fabriken** der großen Industrien sind heute alle im Umland angesiedelt. Zu ihnen zählen hauptsächlich die Metall-, Keramik-, Möbel- und (in kleinerem Rahmen) die Textilindustrie. Im Süden der Stadt gibt es ein großes Ford-Werk und viele Zulieferbetriebe der Autoindustrie. Ebenfalls im Umland liegt **L'Horta**, das reiche **Gartenland**, wo Obst (vor allem Orangen) und Gemüse angebaut werden. Nicht vergessen darf man den **Im- und Export:** Im Hafen werden im Jahr mehr Container umgeschlagen als in jeder anderen spanischen Stadt. Hinzu kommen noch der **Handel** und der **Tourismus**, der besonders in den letzten Jahren zugelegt hat, was auch viel mit der internationalen politischen Lage zu tun hat: Viele Touristen schließen Länder wie die Türkei oder den Norden Afrikas als Urlaubsziele aus und Spanien verzeichnet deshalb einen enormen Zuwachs an Besuchern. Valencia hat dabei den Reiz des Neuen und Unbekannten, wenn man die anderen wichtigen spanischen Städte schon bereist hat. Dennoch läuft bisher alles in erträglichen Dimensionen ab, auch wenn immer mehr Fluglinien Direktflüge hierher anbieten und mehr und mehr Kreuzfahrtschiffe die Stadt für sich entdecken. An manchen Tagen ist es in der Altstadt schon recht voll.

Das **durchschnittliche Einkommen** liegt in Valencia zwischen 1500 und 1800 Euro brutto im Monat, nach Abzügen liegt man bei etwa 1200 bis 1400 Euro. Dabei verdienen Frauen im Durchschnitt 30 % weniger und am wenigsten die 16- bis 24-Jährigen: Sie sind oft „Mileuristas", abgeleitet vom Wort „mil" für „tausend", d. h. sie haben am Ende des Monats weniger als 1000 Euro in der Tasche.

Dennoch hat man in den Valencianischen Straßen den Eindruck, dass die Cafés und Bars stets gut gefüllt sind – allerdings trank man vor der Krise vielleicht drei Kaffees in einer Stunde, jetzt ist es einer in drei Stunden. Das **gesellschaftliche Vergnügen** lässt man sich ungern nehmen.

Wem es finanziell wirklich schlecht geht, der kann sich normalerweise auf die **Familie** verlassen, die manchmal mit einem Gehalt mehrere Mitglieder durchbringen muss. Sie ist die größte soziale Absicherung, denn

059va-srs

vom Staat kann man nicht viel erwarten: Eine staatliche Grundversorgung gibt es nicht und wenn man überhaupt Arbeitslosengeld (ab 490 Euro bei einem Singlehaushalt) oder Sozialhilfe (300–600 Euro je nach Fall) bekommt, sind die Summen gering. Die **Mindestrente** liegt bei 370 Euro. Wenn alle Stricke reißen, sehen sich manche Menschen zum Betteln oder zum Leben auf der Straße gezwungen. In Valencia sind etwa 500 Personen obdachlos oder besetzen leerstehende Häuser.

Zuwanderung spielt auch in Valencia eine große Rolle. Etwa 13 % der Bevölkerung wurden in anderen Ländern geboren: Ganz vorne liegen die Rumänen, dann kommen Italiener und Bolivianer und schon an vierter Stelle stehen die Chinesen. Letztere besitzen vor allem 1-Euro-Läden und „typisch" spanische Bars. Obst- und Gemüsegeschäfte sind hauptsächlich im Besitz von Pakistanern.

Für die **muslimische Bevölkerung** (sie machen mit 5 % nach den 70 % Katholiken die zweitgrößte Religionsgruppe aus), die hauptsächlich aus dem Norden Afrikas stammt, gibt es eine Moschee (Carrer del Palància, 5). Konflikte zwischen den verschiedenen Nationalitäten oder Religionen sind sehr selten. Das liegt sicher auch am **entspannten Charakter der Valencianer:** Sie sind **offene Menschen,** die normalerweise alle willkommen heißen. Jahrhundertelang haben hier Christen, Mauren und Juden friedlich und wirtschaftlich erfolgreich zusammengelebt. Die Angst vor dem Fremden kennt man also weniger. Manchmal geht die Freundlichkeit auch ein bisschen zu weit: Der Valencianer kann etwas **neugierig** sein – aber auch das immer mit einem gewissen **Witz und Charme.** Kaum vergeht ein Tag, an dem man nicht in einem Geschäft mit einem **Kosenamen** angesprochen wird: Alle sind hier „guapa", „cariño" oder „bonica" („Hübsche", „Schatz" oder „Gute").

Valencianer sind Menschen, die **stolz auf ihre Kultur und Traditionen** sind, auf ihr „Anderssein" vom Rest der Spanier. Sie nehmen sich dabei aber nicht so ernst wie zum Beispiel die nach Unabhängigkeit strebenden Katalanen. Das **Valencianische** (s. S. 118) ist als **regionale Sprache** weit verbreitet und wird gefördert, aber sobald in einem Gespräch klar wird, dass jemand des Valencianischen nicht mächtig ist, wird auf Kastilisch (Spanisch) weitergeredet. Das kann in Katalonien ganz anders sein.

Der Valencianer ist ein **Vereinsmensch:** Wer einmal zu einem der zahlreichen Feste (feiern tut der Valencianer nämlich auch gern und ausgiebig) in der Stadt ist, wird beeindruckt sein, wie viele Trachten- und Tanzgruppen es gibt. Und von der Anzahl an Musikern: Die **Musik** scheint den Valencianern in die Wiege gelegt worden zu sein. Laut Statistik leben 33 % aller spanischen Musiker in der Comunitat Valenciana. Das dem Erlernen eines Instruments so viel Bedeutung beigemessen wird, macht Sinn: Die 285 **Fallas-Klubs** (s. S. 16) und viele andere Vereine brauchen ihre eigene „Marching Band", wenn nicht gleich ein mittelgroßes Orchester.

Neben den Vereinen und der Musik spielt im Leben des Valencianers **„El Pueblo"** eine große Rolle. Übersetzt bedeutet das „das Dorf", aber gleichzeitig doch so viel mehr: der mythische Familienort, der Ursprungsort und ein wichtiger Bezugspunkt im Leben jedes Einzelnen. Dort kommt die Familie her. Die Großeltern wohnen vielleicht sogar noch (oder wieder) dort und man verbrachte im „Pueblo“ schon als Kind den scheinbar niemals endenden Sommer (die Schulferien dauern fast drei Monate) mit seinen zahlreichen Cousins und Cousinen. Es strahlt ein Gefühl von Sicherheit, Gemütlichkeit und Heimat aus. Im „Pueblo“ kann man ausspannen und das Leben genießen und auch mal eine längere Siesta einlegen. „Nein, ich kann nicht, ich fahre ins Pueblo“, ist daher häufig die Antwort auf die Frage nach einem Treffen am Wochenende.

Das Wort **„Siesta“** bezeichnet im Spanischen übrigens nicht unbedingt den Mittagsschlaf, wie man im Norden Europas denkt, sondern die typische Mittagspause zwischen 14 und 17 Uhr, in der man einkauft, kocht, isst und Nachrichten schaut. Wenn man dann noch ein wenig Zeit hat, legt man sich aber natürlich auch mal ein bisschen hin. Einen ausgiebigen Mittagsschlaf halten im Alltag in der Stadt jedoch nur etwa 16 % der Spanier, und das sind vor allem die Rentner.

Cabanyal und Parque Central – Stadtplanung auf Valencianisch

Es geht stets nur langsam voran, manchmal wird am Ende gar nichts gebaut, es gibt jahrelange Rechtsstreite der verschiedenen Interessengruppen und kostet Unmengen von Geld. So könnte man die Stadtplanung der letzten 30 Jahre in Valencia grob zusammenfassen, besonders in Bezug auf zwei Großprojekte: den Umbau des Viertels Cabanyal und den Bau des Parque Central. Die Ergebnisse sind dabei ziemlich unterschiedlich.

Das Fischerdorf **El Cabanyal** existierte lange Zeit unabhängig von Valencia, erst 1897 wurde es eingemeindet. Hier leben etwa 20.000 Menschen in einem besonders in architektonischer Hinsicht einzigartigen Stadtviertel: An den parallel zum Meer verlaufenden Straßen stehen unzählige Häuser mit fantastischen **Keramikdekorationen**, oft mit den hier typischen Trencadís (s. S. 14).

Im Jahr 1993 wurde der Stadtteil **unter Denkmalschutz gestellt.** Nichtsdestotrotz entschied die Regierung der PP (Partido Popular) 1998, die Avinguda de Blasco Ibáñez auszubauen und somit eine weitere direkte Verbindung zwischen Stadt und Meer zu schaffen. Es fehlte nur noch etwa ein Kilometer der bereits existierenden Allee, aber der Bau wäre wie ein tiefer Schnitt durch das Viertel Cabanyal gegangen. Etwa 1651 Häuser hätten für die breite, mehrspurige Allee abgerissen werden müssen (inklusive emblematische Gebäude wie die Casa dels Bous und die Llotja dels Pescadors). Die Stadt begann, Häuser aufzukaufen und abzureißen. Sie kümmerte sich recht wenig um die **Proteste der Bewohner**, deren Stadtteil zerstört werden sollte. Es ging der Regierung vor allem darum, direkt am Meer eine perfekte Fläche für Immobilienspekulation zu schaffen. Viel Geld sollte in die kommunalen Kassen fließen.

Doch dann begann der **gigantische Rechtsstreit:** Wer war überhaupt dafür zuständig, über die Zukunft des Cabanyals zu entscheiden? Die Stadt

Valencia, die Autonome Gemeinschaft oder gar das Land Spanien? Und darf ein unter Denkmalschutz stehender Stadtteil einfach so teilweise abgerissen und seiner einzigartigen Seele beraubt werden? Die endgültige Entscheidung fiel nach 18 Jahren: Die Antwort auf Letzteres ist „Nein" – sehr zur Erleichterung der Bürger.

Seit 2015 (und mit der neuen Mitte-Links-Koalition im Rathaus) findet nun endlich die **Renovierung** und **Regenerierung** statt, die das Stadtviertel verdient: Die Gehwege und Straßen werden saniert, mehr Parkplätze werden geschaffen und sogar kleine Gärten, in denen die Bürger ihr eigenes Obst und Gemüse anbauen können. Ein neuer Wind weht in dem bisher vernachlässigten und daher auch teilweise heruntergekommenen Stadtteil, u. a. siedeln sich junge Familien an und reparieren die schönen Fliesenhäuser. Es sieht so aus, als ob man es schafft, den historischen Kern zu erhalten und für neue und alte Bewohner stets attraktiver zu machen.

Während sich die Bürger im Viertel Cabanyal gegen die großen Veränderungen gewehrt haben, wünschen sich die Bewohner von anderen Stadtteilen, dass diese endlich durchgeführt werden: Es geht um den Bau des Zentralparks von Valencia – **el Parque Central**. Bereits seit 1966 gibt es die Idee einer großen Grünfläche hinter dem Bahnhof Estació del Nord ❶. Nach jahrelangen Verhandlungen und öffentlichen Ausschreibungen einigten sich Stadt, Land und Renfe/Adif (das Spanische Bahnunternehmen) im Jahr 2003 auf ein Projekt, das aus drei wichtigen Komponenten besteht: Den Bau des **teilweise unterirdischen Zentralbahnhofs**, der das historische Gebäude der Estació del Nord integriert und den Interimsbahnhof Joaquín Sorolla [B7] überflüssig macht, sodass dieser wie geplant abgerissen werden kann. Die **Verlegung aller Zuggleise in einen Tunnel** auf einer Strecke von 9 km (ähnlich dem Projekt Stuttgart 21) und die **Anlage eines 230.000 m² großen Parks** auf der so gewonnenen Fläche.

Seit das Projekt existiert, haben viele Menschen hier teure Wohnungen gekauft, da sie davon ausgingen, dass Bahnhof und Park bald Wirklichkeit würden, doch die Sache verzögert sich durch Unstimmigkeiten, Rechtsstreite und Geldprobleme. 2008 wurde das Konzept des neuen Zentralbahnhofs von Architekt César Portela (*1937, Spanien) vorgestellt, 2011 der Entwurf für die Parkanlagen von Kathryn Gustafson (*1951, USA). Weitere vier Jahre vergingen, bis sich die Bauherren zumindest einigen konnten, mit der Anlage eines Teils des Parks zu beginnen. Im Mai 2015 starteten die **Bauarbeiten** auf dem 110.000 m² großen Gelände, auf dem keine Bahngleise verlaufen. Die Fertigstellung dieses Teils, der etwa 40 % des finalen Projekts ausmacht, wird auf April 2018 geschätzt. Bis der Tunnel und der neue Bahnhof gebaut werden, vergehen wohl noch viele Jahre, denn man streitet sich über Zuständigkeiten und Baukosten. Im Moment geht man vom Jahr 2026 für die Eröffnung des kompletten Parque Central aus – ganze 60 Jahre nach der Vorlage des ersten Bauplans.

PRAKTISCHE REISETIPPS

060va-srs

An- und Rückreise

Mit dem Flugzeug

Der internationale Flughafen liegt im Vorort Manises. Er wird mittlerweile von mehreren deutschen Fluglinien direkt angeflogen. Die Flugzeit beträgt etwa 2½ bis 3 Stunden. Billigflüge gibt es u. a. ab Berlin, Hamburg, Frankfurt und Köln.

Aus Zürich (ca. 2 Stunden Flugdauer) kann man zweimal täglich mit Swiss Air direkt nach Valencia fliegen. Österreicher müssen mit einem Umstieg rechnen.

- **190 Aeropuerto de Valencia,** Carretera del Aeropuerto, 46940 Manises, Metro 3, 5: Aeroport

Fahrt ins Zentrum

Am günstigsten ist die Fahrt mit der **Metro** (Station „Aeroport", Linien 3 und 5). Sie fährt von der unteren Ebene des Flughafens ohne Umstieg in etwa 20 Minuten bis ins Zentrum Valencias und mit einem kurzen und einfachen Umstieg (Linie 5 zu Linie 8) an der Haltestelle Marítim Serrería in 35 Minuten bis zum Strand La Malva-Rosa (38).

Der Flughafen befindet sich in einer speziellen Tarifzone: Die Fahrt kostet 3,90 €. Hinzukommt 1 € für die aufladbare Metrokarte (s. S. 126). Man kann die Tickets an einem Infoschalter der Metro Valencia und an Automaten (auch auf Englisch einstellbar – von und zum Flughafen Option „Aeroport" wählen) kaufen. Beide befinden sich in der Eingangshalle der Flughafen-Metrostation.

Eine Fahrt mit dem **Taxi** ins Zentrum kostet etwa 20 €, zum Strand etwa 30 € (inkl. Flughafenzuschlag von 5,40 €). Zwischen 21 und 7 Uhr gilt ein höherer Nachttarif.

Mit dem Auto

Die Anreise nach Valencia führt meist über die Autobahnen **A3** (aus Richtung Madrid) und **A7** (Barcelona, Alicante). Es sind kostenlose Autobahnen (im Gegensatz zu den Autopistas de peaje, AP, Mautautobahnen).

Mit dem Zug

Wer mit dem Schnellzug AVE aus Madrid anreist, kommt am Bahnhof **Joaquín Sorolla** [B7] an. Fast alle anderen Nah- und Fernverkehrszüge fahren die **Estació del Nord** (1) an. Die beiden Bahnhöfe liegen zu Fuß etwa 15 Minuten voneinander entfernt und sind direkt an das Metronetz angebunden: Der Bahnhof Joaquín Sorolla liegt an der Haltestelle Jesús (Linie 1, 2, 7), die Estació del Nord an der Haltestelle Xàtiva (Linie 3, 5, 7, 9).

› www.renfe.com

Autofahren

Valencia hat mehr **Ampeln** pro Kopf als jede andere europäische Stadt. Außerdem gibt es viele **Kreisverkehre.** Man kann sich hier aber trotzdem recht schnell fortbewegen.

Für ein paar Tage Aufenthalt braucht man kein Auto: Zu Fuß, mit dem Fahrrad und dem ÖPNV ist man schnell unterwegs und Taxifahrten sind günstig. Wenn man einen **Wagen mieten** möchte, findet man alle namhaften Anbieter sowohl am Bahnhof Joaquín Sorolla [B7] als auch am Flughafen (s. oben).

Vorseite: Mit dem Fahrrad unterwegs – eine wunderbare Weise, die Stadt kennenzulernen (s. S. 115)

Parken

In der Altstadt gibt es z. B. folgende Parkhäuser (nicht für Wohnmobile geeignet), die 24 Stunden geöffnet sind:

- P191 [E5] **Galería Jorge Juan,** Carrer de Jorge Juan, 21, 1 Stunde 2 €
- P192 [C3] **Plaça de la Reina,** 1 Stunde 2,80 €
- P193 [E3] **Plaça de Tetuán,** 1 Stunde 2,95 €

Ansonsten bieten alle Einkaufszentren Parkhäuser, z. B.:

- P194 **Centro Comercial Arena,** Carrer de Santa Genoveva Torres, 21, geöffnet: Mo.-Do. u. So. 9-0.30, Fr. u. Sa. 9-2, So. 10-0.30 Uhr, 3 Stunden kostenlos bei mind. 20 € Einkauf, jede weitere Stunde 2,40 €. So. komplett kostenlos
- › **Centro Comercial El Saler** (s. S. 82), geöffnet: Mo.-Do. 8-2, Fr. 8-4, Sa. 8.30-4, So. 9.15-2 Uhr, kostenlos: Mo.-Fr. ab 14 Uhr, Sa. u. So. ganztägig, sonst etwa 3 € pro Stunde (minutengenaue Abrechnung).
- P195 [bg] **Centro Comercial Nuevo Centro,** Avinguda de Pius XII, 2, geöffnet: 24 Stunden, um die 3 € pro Stunde (minutengenaue Abrechnung), maximal 24 € am Tag.

061va-srs

Viele Metrostationen verfügen über Zugänge für Rollstuhlfahrer

Barrierefreies Reisen

Valencia ist gut auf Menschen mit Behinderungen eingestellt. Es gibt Rampen an Bus und Metro, für Blinde und Sehbehinderte ist das Straßenpflaster entsprechend vorbereitet. Außerdem gibt es in der Altstadt verteilt Modelle der wichtigsten Bauwerke in Bronze mit Beschriftung in Braille. Die Stadt ist flach. Im Mercat Central 6 und einigen Restaurants gibt es rollstuhlgerechte Toiletten. Unter www.visitvalencia.com/guia-accesible findet man einen guten Überblick auf Spanisch und Englisch. Zusätzlich kann man sich an folgende Informationsstellen wenden:

- › **Bundesarbeitsgemeinschaft Clubs Behinderter und ihrer Freunde e. V.,** Langenmarckweg 21, 51465 Bergisch Gladbach, Tel. 02202 9899811
- › **Verband aller Körperbehinderten Österreichs,** Schottenfeldgasse 29, 1070 Wien, Tel. 15123661460, www.hilfswerk.at
- › **Mobility International Schweiz,** Rötzmattenweg 51, 4600 Olten, Tel. 062 2126740, www.mis-ch.ch

Diplomatische Vertretungen

- •196 [C4] **Deutsches Honorarkonsulat,** Avinguda del Marqués de Sotelo, 4, 3. Stock, Zimmer 9A, Tel. 0034 963106253, Mo.-Fr. 9-13 Uhr
- •197 [C5] **Österreichisches Konsulat,** Carrer del Convent de Santa Clara, 10, 2. Stock, Zimmer 3. Tel. 0034 963522212, Mo.-Fr. 11-13 Uhr
- •198 [G3] **Schweizer Honorarkonsulat,** im Hotel Westin Valencia, Carrer d'Amadeu de Savoia, 16, Tel. 0034 963625900, Metro 3, 5, 7, 9: Alameda. Nach Vereinbarung.

Elektrizität

Die **Netzspannung** beträgt in Spanien **230 V** bei einer Frequenz von 50 Hz. Es werden wie in Deutschland und Österreich die Steckdosen Typ F verwendet. Reisende aus diesen Ländern benötigen keinen **Adapter.** Schweizer benötigen einen Adapter vom Typ J zu Typ F.

Geldfragen

Valencia ist im europäischen Vergleich ein **günstiges bis mittelteures Reiseziel.** Das Preis-Leistungs-Verhältnis stimmt hier auf jeden Fall. Die Lebenshaltungskosten sind eher gering und das merkt man auch im Urlaub (auch wenn Spanien schon lange kein Billigland mehr ist). Für ein Doppelzimmer im 3-Sterne-Hotel zahlt man mit Frühstück zwischen 80 und 110 €. **Hotelpreise** gehen während der Fallas (s. S. 16), an Ostern und den Mai-Feiertagen deutlich in die Höhe. **Essen** im Restaurant und **Ausgehen** sind günstiger als zu Hause.

Die **Zahlung mit der EC- oder Kreditkarte** stellt in Spanien kein Problem dar. Vor der Abreise sollte man aber bei der Bank nachfragen, ob die Karte für die Nutzung im Ausland freigeschaltet ist und welche Gebühren eventuell entstehen können (auch durch Geldabheben am Bankautomaten). Man sollte immer ein Ausweisdokument dabei haben, denn oft wird bei Kartenzahlung danach gefragt.

062va-srs

Informationsquellen

Infostellen zu Hause

Einen ersten Gesamteindruck über Spanien verschafft man sich beim **Spanischen Tourismusverband,** auch wenn es hier eher wenig Spezifisches über Valencia gibt. Es gibt Niederlassungen in Berlin, Frankfurt am Main, Wien und Zürich (www.spain.info/de).

- **Berlin:** Lichtensteinallee 1, Tel. 030 8826543, Mo.–Fr. 10–14 Uhr
- **Frankfurt am Main:** Myliusstraße 1, Tel. 069 725033, Mo.–Fr. 10–14 Uhr
- **Wien:** Walfischgasse 8/14, Tel. 0151 2958011, viena@tourspain.es
- **Zürich:** Seefeldstraße 19, Tel. 0442 536050, Mo.–Fr. 10–17 Uhr

Umfassende Informationen zu Valencia bietet die **Stiftung Valencia Tourism** unter www.visitvalencia.com/de.

Die blau-gelb-rote Palme ist das Symbol der Touristeninformationen

Valencia preiswert

In Valencia ist es einfach, auch mit einem kleinen Budget ein paar tolle Tage zu verbringen. Hier sind einige Tipps:

- ***Valencia Tourist Card** (www.valenciatouristcard.com, 24 Std. 15 €, 48 Std. 20 €, 72 Std. 25 €), erhältlich in den Touristeninformationen (s. unten): Inklusive ist die Fahrt mit öffentlichen Transportmitteln (inkl. Flughafentransfer), der Eintritt in die von der Stadt betriebenen Museen, ein Rabatt in anderen Touristenattraktionen u. v. m. Nähere Informationen erhält man in einer Broschüre, die man beim Kauf einer Karte erhält, oder auf der Website.*
- *Der Eintritt in die **von der Stadt betriebenen Museen** sind an Sonn- und Feiertagen kostenlos. Aber auch sonst kostet der Eintritt selten mehr als 2 € (s. S. 58).*
- *Fast alle **Restaurants** der Stadt bieten fixe Menüs zu einem vernünftigen Preis an. So kann man auch in den Gourmettempeln lecker zu günstigen Preisen essen. Am wenigsten belasten die Mittagsmenüs den Geldbeutel.*
- *Es gibt viele **Parks, Grünflächen und Strände**, die zum Picknick einladen: Man sollte sich also auf den Märkten mit Lebensmitteln eindecken und gemütlich „open air" essen.*
- ***Öffentliche Transportmittel** sind sehr günstig: Am besten kauft man eine Zehnerkarte Bono Transbordo an einem Zeitschriftenkiosk oder in einem „Estanco de Tabacos" (Tabakwarenladen), dann zahlt man pro Bus- oder Metrofahrt nur 0,90 €.*
- *Das **Blasorchester der Stadt** (Banda Municipal de Valencia) gibt immer wieder Gratiskonzerte, z. B. im Palau de la Música 26 oder im Mercado de Colón 21 (Infos: www.palaudevalencia.com).*
- *An vielen Samstagen tanzen **regionale Gruppen** in ihren Trachten um 11 Uhr auf der Plaça del Mercado am Mercat Central 6.*
- *„Un lago de conciertos": In Zusammenarbeit mit dem Berklee College of Music werden diese **Gratiskonzerte** auf dem See beim Museu de les Ciències 29 veranstaltet (http://musicaenabierto.com/un-lago-de-conciertos).*

Infostellen in der Stadt

- **Touristeninformation (1),** im Rathaus 4, Tel. 0034 963524908
- **199** [D3] **Touristeninformation (2),** Carrer de la Pau, 48, Tel. 0034 963986421
- **200** [fh] **Touristeninformation (3),** Strand La Malva-Rosa, Passeig de Neptú, 3, Tel. 0034 628789837, Juni–September
- **Touristeninformation (4),** Flughafen, Ankunftshalle, Tel. 0034 961598451

Veranstaltungs- und Kartenservice

Die meisten **Eintrittskarten** kann man auf den Websites des jeweiligen Veranstaltungsorts oder in der Touristeninformation kaufen. Außerdem bei:

- **201** [D4] **El Corte Inglés,** Carrer de Colom, 27, 6. Etage, Tel. 963159500
- **202** [B5] **FNAC,** Carrer de Guillem de Castro, 9–11, Tel. 902100632, www.fnac.es, Metro 1, 2: Plaça Espanya

Fundbüro

•203 [ai] **Oficina de objetos perdidos**, Carrer de Santa Cruz de Tenerife, 1, Tel. 962084179. Metro 3, 5, 9: Avinguda del Cid. Zentrales Fundbüro.

Valencia im Internet

- **www.visitvalencia.com/de:** deutschsprachige Website der Tourismusstiftung
- **www.lovevalencia.com/en:** umfassende englischsprachige Website mit Veranstaltungstipps, Neuigkeiten und Sightseeing
- **http://valenciabonita.es:** spanischsprachige Seite mit Geschichte und Geschichten. Viele gute Tipps, z. B. Aktivitäten mit Kindern, Kulturelles, Umland.
- **http://au-agenda.com:** spanischsprachiger Veranstaltungskalender, auch in Papierform erhältlich
- **www.ocio.levante-emv.com/agenda:** spanischsprachiger Veranstaltungskalender der Tageszeitung Levante

Meine Literaturtipps

Nur wenige Bücher wurden über Valencia geschrieben: So wenige, dass sich sogar eine Doktorarbeit mit dem Thema beschäftigt. Francisco López kommt dort zu dem Schluss: „Von Valencia wird nichts erzählt. Es existiert nicht." Hinzukommt noch die 2-Sprachen-Problematik: Wenn es schon mal einen modernen Text über Valencia gibt, dann ist der oft in der Regionalsprache Valencianisch geschrieben.

Obwohl es keinen internationalen Bestseller gibt, kann man sich doch ein wenig in das Thema „einlesen", z. B. mit folgenden Büchern:

- *Der große Valencianische Naturalist und Politiker Vicente Blasco Ibáñez (1867–1928) hat viele Klassiker geschrieben. Auf Deutsch sind besonders **„Die Scholle"** („La Barraca") und „Sumpffieber" („Cañas y Barros") zu empfehlen. Es geht um Familien und deren Geschichte mit Lieb und Leid. Handlungsort ist das fruchtbare Umland von Valencia. Es wird auf eingehende Weise das harte Leben der Bauern und Fischer im Kampf gegen Natur und Großgrundbesitzer beschrieben.*
- *Volker Reinhardt: **„Die Borgia. Geschichte einer unheimlichen Familie."** Ein kleines Sachbuch über die Geschichte der Valencianischen Päpste (s. S. 26). Hier geht es zwar nicht wirklich um Valencia, aber trotzdem ist das Buch eine gute Grundlage, um das Leben und Wirken der Familie Borgia zu verstehen.*
- *Philip Jodidio: **„Santiago Calatrava"**. Dem Stararchitekten, seinen Bauwerken und seiner Kunst ist dieses Buch gewidmet. Wer sich einmal mit der typisch organischen Architektur des Valencianers beschäftigt, wird sie überall auf der Welt wiederentdecken. Hier gibt es eine gute Übersicht von seinen Anfängen bis zu aktuelleren Arbeiten.*
- *Jason Webster: **„Or the Bull Kills You"**. Inspektor Max Cámara ist ein Einzelgänger, der sich mit dem Mord an einem bekannten Stierkämpfer auseinandersetzen muss und das auch noch während der Fallas. Dieser Krimi spielt in Valencia, ist aber leider nur auf Englisch erhältlich.*

Publikationen und Medien

Monatsmagazine

- **24/7,** www.247valencia.com: kostenloses englischsprachiges Magazin mit Veranstaltungskalender, liegt in Touristeninformationen (s. S. 107) und Bars aus
- **Hello Valencia,** www.hellovalencia.es: eine monatlich erscheinende Gratiszeitschrift mit Veranstaltungskalender. Erhältlich in Hotels, Bars und in den Touristeninformationen.
- **HeyValencia. Newspaper for tourists,** liegt kostenlos in Hotels und in den Touristeninformationen aus

Tageszeitungen

- **Levante – El Mercantil Valenciano:** regionale Tageszeitung
- **Las Provincias:** valencianische Tageszeitung
- **El País:** Spaniens größte Tageszeitung, mit Regionalteil
- **20 minutos:** Gratistageszeitung (erhältlich z. B. an Metrostationen)

Smartphone-Apps

- **Lovevalencia:** englischsprachige App. Organisiert nach Themenbereichen wie „What to see", „What to do", oder „Valencia with Children" (kostenlos für iOS und Android).
- **VLC Valencia:** interaktiver Stadtplan, auf dem man individuell Pins setzen kann, je nachdem, was man gerade sucht: Hotels, Restaurants, Shopping usw. Deutschsprachige Artikel über die Stadt und Aktivitäten. Kostenlos für iOS und Android.
- **EMT Valencia:** Die beste App für den ÖPNV. Man kann eingeben, ob man mit Bus, Metro oder Fahrrad fahren möchte (Englisch, kostenlos für iOS und Android).
- **Ciutat de les Arts i les Ciències OFICIAL:** Um den Besuch in der Stadt der Künste und Wissenschaften besser planen zu können, kann man sich diese App herunterladen (Englisch, kostenlos für iOS).
- **GVA Palaus:** Man steht vor einem der schönen Paläste und Herrenhäuser der Stadt und wundert sich, wie es wohl im Inneren aussieht? Mit dieser App (auch auf Englisch verfügbar) kann man historische Daten über das jeweilige Gebäude erfahren und sich Fotos einiger Räume anschauen (kostenlos für iOS und Android).

Internet

Internet ist fast überall und zu jeder Zeit verfügbar und meist ist es auch schnell (Glasfaser). **WLAN** (hier Wifi genannt) gehört fast schon zum Standard in Restaurants, Cafés und Hotels. Generell ist die Nutzung kostenlos, in machen Hotels wird ein Tagessatz von etwa 10 € fällig. In den meisten Fällen musst man sich aber nur mit dem Netzwerk verbinden und eventuell ein Passwort eingeben.

Medizinische Versorgung

Das medizinische Versorgungssystem in Spanien heißt **Seguridad Social.** Die Bürger sind automatisch Mitglieder und dadurch ist eine gesundheitliche Grundversorgung für alle gewährleistet.

Wenn man als Reisender in Spanien krank wird, ist es wichtig, dass man seine gültige **Europäische Krankenversicherungskarte** (auf Spanisch: Tarjeta Sanitaria Europea – TSE) dabei hat. Mit dieser Karte ist die **Grundversorgung in den Gesundheitszentren** *(Centros de Sa-*

lud) **kostenfrei.** Dies gilt für Urlauber aus Deutschland, Österreich und der Schweiz. Was genau unter „Grundversorgung" verstanden wird, kann aber von der Bedeutung im Heimatland abweichen: So sind z. B. **Zahnarztbehandlungen nicht inklusive** und die Kosten für selbige müssen vom Patienten getragen werden (außer es handelt sich um einen Notfalleingriff). Es gibt eine **App der Europäischen Union,** die einen ersten Überblick über die Nutzung der Europäischen Krankenversicherungskarte in allen europäischen Ländern sowie Partnerländern gibt (European Health Insurance Card, kostenlos für iOS und Android).

Man kann sich natürlich auch an **Privatärzte** oder **private Kliniken** wenden, allerdings sollte man dann vorher mit seiner heimischen Krankenversicherung klären, ob die Kosten gedeckt sind, und man muss wahrscheinlich erst einmal in Vorkasse gehen.

In jedem Fall lohnt sich der Abschluss einer separaten **Auslandsreisekrankenversicherung,** um hohe Kosten im Krankheitsfall (z. B. auch durch den Transport ins Heimatland) zu vermeiden.

Der Besuch in einem Centro de Salud oder in der Notaufnahme eines Krankenhauses ist oft mit **langen Wartezeiten** verbunden. Am besten fragt

Infos für LGBT+

Zur Zeit der Diktatur unter General Franco waren das Ausleben homosexueller Liebe und Kontakte per Gesetz verboten. Seit den späten 1970er-Jahren und mit Beginn der Demokratie hat sich die Lage normalisiert, die Gesellschaft ist offener geworden und seit 2005 ist die ***gleichgeschlechtliche Ehe*** *legal. Valencia ist eine* ***LGBT-freundliche Stadt,*** *z. B. wurden 2015 zum Verliebten-Tag (Nou d'Octubre, s. S. 92) überall in der Stadt Plakate aufgehängt, die gleichgeschlechtliche Comikfiguren bei der Geschenkübergabe zeigten. Im Juni findet die* ***Gay-Pride-Parade*** *statt. In den 1980er-Jahren traf sich die Gay Community vor allem im Viertel Carme, heute hat sich der Schwerpunkt in den Stadtteil* ***Russafa*** *verlegt. Klubs, Bars und Discos, in denen sich vor allem die LGBT-Gemeinschaft trifft, werden in Spanien „sitios de ambiente" („gay friendly") genannt.*

- ***http://shangay.com:*** *spanische Zeitschrift und Website mit aktuellen Themen und Tipps*
- ***http://lambdavalencia.org:*** *Beratung und Bildung zum Thema LGBT+*

Treffs

Die folgenden Orte werden sowohl von Frauen als auch von Männern frequentiert, außer im Planet Valencia sind die Männer aber meist in der Mehrzahl.

204 *[cg]* ***Deseo 54,*** *Carrer Pepita, 15, Tel. 963275445, www.deseo54.com, geöffnet: Do.-Sa. 1.30-7.30 Uhr, Eintritt ab 10 €. Disco mit zwei großen Sälen (House und Charts). Junges Publikum.*

205 *[D7]* ***Picadilly Downtown Club,*** *Carrer dels Tomassos, 12, geöffnet: Fr. u. Sa. 24-7.30 Uhr, Eintritt: um die 10 € inkl. Freigetränk. Dieser gemischte Klub befindet sich*

man an der Hotelrezeption nach, wo die nächste Anlaufstelle ist. Man kann sie sonst auch im Internet mit einer Google-Suchanfrage nach „Centro de Salud Valencia“ finden, eine zentrale Website gibt es leider nicht.

209 [G1] **Hospital Clínic Universitari de Valencia,** Avinguda de Blasco Ibáñez, 17, Tel. 961973500, Metro 3, 9: Facultats. Großes Universitätskrankenhaus.

210 **Hospital La Fe,** Avinguda de Fernando Abril Martorell, 106, Tel. 963862700, Metro 1, 2: Campanar. Allgemeines Krankenhaus.

211 [aj] **Hospital Universitario Doctor Peset,** Avinguda de Gaspar Aguilar, 90, Tel. 961622300, Metro 1, 2, 7: Safranar. Universitätskrankenhaus.

212 [F1] **Clínica Westfalia,** Carrer de Cavanilles, 10, Tel. 963696300, Metro 3, 9: Facultats. Kleine deutschsprachige Privatklinik mit allgemeinärztlicher Versorgung, Internist und Kinderarzt.

213 [ag] **Zahnarztpraxis Dr. Germán Gómez,** Avinguda de les Corts Valencianes, 39, E2-H, Tel. 963384385, http://sonrisabonita.de, Metro 1, 2: Beniferri. Private Zahnarztpraxis (deutschsprachig) mit Kinderzahnärztin.

Diese drei *Farmacias* (**Apotheken**) haben täglich 24 Stunden lang geöffnet:

214 [di] **Farmacia Club Salud 24H,** Avinguda del Port, 33, Tel. 963600313

215 [bg] **Farmacia Del Pilar 24H,** Carrer del Professor Beltrán Báguena, 4, Tel. 963480588

216 [B6] **Farmacia Plaça de España 24H,** Carrer de Sant Vicent Màrtir, 107, Tel. 963411729

063va-srs

Apotheken erkennt man leicht am typischen grünen Kreuz

im Stadtteil Russafa. Indie, Techno und Pop.

206 *[D7]* ***Planet Valencia,*** *Carrer de Sueca, 63, Tel. 963220306, http://planetvalencia.es, geöffnet: Do.-So. 23-3.30 Uhr. Treffpunkt für Frauen. Cocktails und gute Musik in Russafa.*

207 *[cg]* ***The Muse,*** *Carrer de Ruaya, 48, Tel. 651593532, geöffnet: Fr. u. Sa. 22-4 Uhr, Eintritt: ab 5 € (Getränk inkl.). Disco-Pub, in dem man den Abend beginnen lassen kann, bevor es im nahen Deseo 54 weitergeht. Gemischtes Alter der Besucher.*

208 *[B2]* ***Trapezzio Cafe,*** *Plaça del Músic López Chávarri, 2, Tel. 963915027, geöffnet: Mo.-Fr. 9-2, Sa. u. So 18-2 Uhr. Das Trapezzio Cafe bietet eine entspannte Terrasse für ein Bier am Nachmittag oder auch das erste Glas am Abend.*

Mit Kindern unterwegs

Valencia ist eine fantastische Stadt für einen Besuch mit Kindern. Es gibt jede Menge spezielle Aktivitäten und viele Spielplätze. Die **CAC** (s. S. 40) ist eine ideale Anlaufststelle: Das Aquarium Oceanogràfic 33 ist das größte seiner Art in Europa mit Shows und vielen spannenden Bewohnern. Gleich nebenan gibt es im **Wissenschaftsmuseum** 29 eine spezielle Spielfläche für kleine Kinder und interaktive Ausstellungen für jedes Alter. Auf den Seen vor dem Museum können Kinder in große aufgeblasene Plastikkugeln steigen oder auf Waterbikes über das Wasser fahren (Preise ab 5 €). Auch das **IMAX-Kino L'Hemisfèric** 28 bietet spezielle Filme für das jüngere Publikum und damit es nicht immer nur ein „langweiliges Herumlaufen" wird, gibt es noch viele andere Fortbewegungsmittel: Fahrrad, Segway, Minizüge und Pferdekutschen. Das größte **Bleisoldatenmuseum** der Welt (L'Iber, s. S. 59) ist ebenfalls ein herrlicher Anlaufpunkt für die ganze Familie.

★217 [ah] **Bioparc,** Avinguda de Pío Baroja, 3, Tel. 902250340, www.biopracvalencia.es, geöffnet: tägl. ab 10 Uhr, schließt zwischen 18 und 21 Uhr, Einlass bis 1 Stunde vor Schließung, Eintritt: 23,80 €, Kinder 18 €, ab 65 J. 17,50 €, Bus 95: Manuel de Falla/ Hernández Lázaro. Moderner Zoo, in dem verschiedene afrikanische Lebensräume wie die Feucht- und Trockensavanne, Waldgebiete oder die Insel Madagaskar nachgebildet sind. Es gibt keine sichtbaren Gitter oder Zäune zwischen den Tieren und den Besuchern, die Gehege sind groß und artgerecht gestaltet. Die Bewohner sind Elefanten, Krokodile, Gorillas, Tiger u. v. m.

› **Parque de Cabecera.** Neben dem Bioparc liegt ein abwechslungsreicher Park, der mit dem Fluss-Park Túria verbunden ist und den wahrscheinlich höchsten Berg von Valencia aufweist: Er ist allerdings gerade mal 15 m höher als die umliegenden Straßen. In der Mitte des Parks befindet sich ein See, auf dem man mit Tretbooten in Schwanform einen Ausflug machen kann (12 € für 30 Min. nach vorheriger Anmeldung, Tel. 683306127). Zwei Spielplätze und Café.

064va-srs

•218 [G6] **Gulliver-Spielplatz,** zwischen Pont de l'Àngel Custodi und Pont del Regne, geöffnet: tgl. 10–20, Juli u. August 10–14 u. 17–21 Uhr, Bus 1, 19: Albareda/Pont Àngel Custodi. Das Buch „Gullivers Reisen" von Jonathan Swift kennt sicher jedes Kind. Es diente als Inspiration für diesen genialen Spielplatz. Seit 1990 rutschen, rennen und klettern Kinder nun schon auf dem Riesen, der 67 m lang und fast 9 m hoch ist. Der Gigant Gulliver hat gerade Schiffbruch erlitten und liegt bewusstlos am Strand der Liliputaner. Diese versuchen, ihn mit Seilen und Netzen festzuhalten. Gebaut wurde der Spielplatz gemeinsam mit den Artistas Falleros, die während der Fallas (s. S. 16) die riesigen Monumente aufstellen. In unmittelbarer Nähe befinden sich auch ein Skatepark und ein Minigolfplatz.

•219 [G3] **Mestalla-Fußballstadion,** Avinguda de Suecia, Tel. 963372626, www.valenciacf.com, geöffnet: Mo.–Fr. 10.30–14.30 u. 15.30–18, So. 10.30–14.30 Uhr, Eintritt: 10,60 €, Kinder (5–12 J.) 8,10 €, Metro 5, 7: Aragon. Umkleidekabinen, Trophäensaal und Tribüne – diese Backstage-Tour im Stadion des Valencia CF erlaubt Einblicke hinter die Kulissen. Ein interessanter Besuch für die Fußballstars von morgen! Führungen auf Spanisch, Valencianisch und Englisch.

› **Pferdekutschen,** auf der Plaça de la Reina [C3] gegenüber von Mc Donalds, Tel. 963211084 oder 691566691, www.encochedecaballos.com, tgl. 10–17 Uhr, Kosten um die 45 €. Mit einer eleganten Kutsche an den Sehenswürdigkeiten der Stadt vorbeirauschen – wer fühlt sich da nicht wie eine Prinzessin oder ein Ritter? Die Fahrt in der Altstadt dauert etwa 45 Minuten. Auch möglich: längere Ausfahrten bis zur CAC.

Im modernen Zoo Bioparc geht man mit den Tieren auf Tuchfühlung

Auf dem Gulliver-Spielplatz kann man wunderbar toben

065va-srs

•220 [D3] **Segway Valencia,** Carrer del Governador Vell, 8, Tel. 963924814 oder 658170525, www.segwayvalencia.com/de, geöffnet: tägl. 10–14 und 16–20 Uhr. Mit Segways kann man eine aufregende Fahrt durch die Altstadt oder im Fluss-Park Túria machen. Sie sind sicher nicht für kleine Kinder geeignet, aber für Teenager ein Riesenspaß. Es werden verschiedene Touren angeboten.

221 [E4] **Imaginarium,** Carrer de Jorge Juan, 6, Tel. 963509048, www.imaginarium.es, geöffnet: Mo.–Sa. 10–20.30 Uhr. Eine der Besonderheiten dieses kreativen Spielzeugladens ist, dass es einen separaten Mini-Eingang für kleine Besucher gibt. Das Motto des Ladens ist: Erfinden, Entdecken, Fantasie.

222 [D4] **The Disney Store,** Carrer de Juan de Austria, 30, Tel. 963513633, www.disneystore.es, geöffnet: tgl. 10–21 Uhr. Hier gibt es Merchandise-Artikel von Mickey Maus und seinen Freunden, aber auch der neusten Disney- und Star-Wars-Filme.

Notfälle

- **Touristische Hilfe, Polizei, Rettungsdienst, Ambulanz, allgemeine Notfälle:** Tel. 112

Kartensperrung

Bei Verlust der Debit-(EC-), Kredit- oder SIM-Karte gibt es für Kartensperrungen eine **deutsche Zentralnummer** (unbedingt vor der Reise klären, ob die eigene Bank bzw. der jeweilige Mobilfunkanbieter diesem Notrufsystem angeschlossen ist). Aber Achtung: Mit der telefonischen Sperrung sind die Bezahlkarten zwar für die Bezahlung/Geldabhebung mit der PIN gesperrt, nicht jedoch für das **Lastschriftverfahren mit Unterschrift.** Man sollte daher auf jeden Fall den Verlust zusätzlich **bei der Polizei zur Anzeige bringen,** um gegebenenfalls auftretende Ansprüche zurückweisen zu können.

In **Österreich** und der **Schweiz** gibt es keine zentrale Sperrnummer, daher sollten sich Besitzer von in diesen Ländern ausgestellten Debit-(EC-) oder Kreditkarten vor der Abreise bei ihrem Kreditinstitut über den zuständigen Sperrnotruf informieren.

Generell sollte man sich immer die wichtigsten Daten wie Kartennummer und Ausstellungsdatum separat notieren, da diese unter Umständen abgefragt werden.

- **Deutscher Sperrnotruf:** Tel. +49 116116 oder Tel. +49 3040504050
- **Weitere Infos:** www.kartensicherheit.de, www.sperr-notruf.de

Für Urlaubsgrüße nach Hause: Briefkasten der spanischen Post

Um langes Warten und Verständigungsprobleme bei der **Polizei** zu vermeiden, gibt es einen **telefonischen Service in deutscher Sprache.**

- **Servicio de Denuncias Telefónicas para Turistas Extranjeros,** Tel. 902102112

Der Anrufer erhält eine Anzeigennummer und muss die Anzeige anschließend in einem Kommissariat vor Ort unterschreiben und abholen. Folgende Kommissariate bieten sich an:

- 223 [bi] **Comisaría de Distrito Abastos,** Carrer del Bon Orde, Tel. 963540030, Metro 1, 2, 3, 5, 9 Àngel Guimerà.
- 224 [B4] **Comisaría de Distrito Valencia Centro,** Carrer de Maldonado, 18, Tel. 963155690
- 225 [F3] **Comisaría de Distrito Valencia Exposición,** Passeig de l'Alameda, 17, Tel. 963600350, Metro 3, 5, 7, 9: Alameda.

Öffnungszeiten

Hier einige grobe Richtlinien für Öffnungszeiten in Spanien:

- **Geschäfte** öffnen meist zwischen 9 und 10 Uhr. Kleinere Boutiquen und Läden schließen zur Mittagspause zwischen 14 und 16 oder 17 Uhr. Große Kaufhäuser, Geschäfte internationaler Marken und Shoppingcenter sind durchgehend geöffnet. Geschlossen wird zwischen 20 und 21.30 Uhr. Einige Geschäfte und Einkaufszentren öffnen auch am Sonntag, meist von 12 bis 20 Uhr.
- **Märkte:** zwischen 7.30 und 14 oder 15 Uhr
- **Supermärkte:** 9.30 bis 21.15 Uhr
- **Banken:** montags bis freitags von etwa 9 bis 14 Uhr
- **Restaurants:** 13.30–16 Uhr und fürs Abendessen meist erst ab 20.30. Am Sonntagabend sind viele Restaurants geschlossen.

- **Museen:** Fast alle haben am Sonntagnachmittag und am Montag geschlossen. Dienstag bis Samstag öffnen sie meist 10 bis 19 oder 20 Uhr. Viele machen zwischen 14 und 16 Uhr Mittagspause.
- **Kirchen** sind grundsätzlich den ganzen Tag für Gläubige geöffnet, allerdings gibt es Ausnahmen (z. B. die Basílica de la Mare de Déu 17, geschlossen 14–16.30 Uhr) und sie können für Gottesdienste oder Feierlichkeiten jederzeit schließen.
- **Ämter** öffnen montags bis freitags von etwa 10 bis 14 Uhr.

Post

Oft kann man **Briefmarken** *(sellos)* schon mit den Postkarten im Souvenirgeschäft kaufen. Aufpassen: Manchmal erhält man dort die Briefmarken des **City Post International Services:** So frankierte Postkarten (eine internationale Briefmarke kostet 1 €) wirft man nur in rote City-Post-Briefkästen ein, von der spanischen Post **Correos** (gelbe Briefkästen) werden sie nicht transportiert. Die Briefmarken des offiziellen Correos-Dienstes erhält man in jeder Poststelle, in den Tabakwarenläden (Estanco de Tabacos) oder am Zeitschriftenkiosk. Der Preis einer Briefmarke für eine Postkarte oder einen Brief bis 20 g beträgt 1,25 €.

066va-srs

5 [C4] **Hauptpost (Correos)**

✉226 [ei] **Correos,** El Corte Inglés, Avinguda de França, 5. Stock, Tel. 963303907, geöffnet: Mo.–Sa. 10–22 Uhr

Radfahren

Valencia ist perfekt zum Fahrradfahren: Das Wetter ist sonnig, die Stadt ist flach und es gibt **etwa 120 km an Fahrradwegen.** Das Netz wird immer weiter ausgebaut, allerdings müssen sich alle Verkehrsteilnehmer noch an die vielen Fahrräder gewöhnen und so ist auf den Straßen **große Vorsicht angebracht:** Autofahrer und Fußgänger haben noch nicht den trainierten Blick für die Drahtesel und auch die Radfahrer halten sich nicht immer an alle Regeln. Am sichersten ist eine kleine Radtour im **Fluss-Park Túria** 22, weil es dort keinen Autoverkehr gibt und ausreichend Radwege vorhanden sind. Für Kinder und Jugendliche bis 16 Jahre herrscht in Spanien eine generelle **Helmpflicht,** für Erwachsene besteht diese nur außerhalb des Stadtgebiets.

In der App EMT Valencia (s. S. 109) des ÖPNV kann man nach **Routen mit Fahrradwegen** suchen. Ebenso kann man sich einen Überblick über Fahrradwege im offiziellen Stadtplan (erhältlich in den Touristeninforma-

067va-srs

tionen, s. S. 107) und auf der Website von www.valenbisi.es (auch zum Download) verschaffen.

Es gibt ein öffentliches **Fahrradverleihsystem**, das **Valenbisi** (www.valenbisi.es) heißt. Wenn man nur ein kurzes Wochenende in der Stadt ist, lohnt sich die Anmeldung sicher nicht, aber für mehrere Tage vor Ort kann es ein interessantes Fortbewegungsmittel sein. Es gibt 275 Stationen mit etwa 2750 Fahrrädern. Man kann sich für eine Woche (13,30 €) oder ein Jahr (29,12 €) im Internet anmelden. Dafür benötigt man eine Kreditkarte und eine Karte des Valencianischen Nahverkehrs mit magnetischem Chip (Metro- oder Buskarte). Die ersten 30 Minuten sind inklusive, danach zahlt man zwischen 0,50 € und 3,12 € für weitere 30 bis 60 Minuten. Am besten lädt man sich die App AllBikesNow (kostenlos für iOS und Android) aufs Smartphone, das erleichtert die Suche nach Fahrrädern und freien Parkplätzen.

Überall in der Stadt findet man die Stationen des öffentlichen Fahrradverleihs Valenbisi

Fahrräder mieten

Mittlerweile kann man in fast allen Hotels und Hostels Fahrräder mieten. Hinzu kommen folgende empfehlenswerte Fahrradgeschäfte:

S227 [G6] **Cyclobikes,** im Fluss-Park, Nähe Gulliver-Spielplatz, Tel. 646006799, www.cyclotourbike.com, geöffnet: tgl. 10–20 Uhr. Besondere Fahrräder für 4 bis 6 Personen: Sie sehen aus wie kleine Kutschen und bieten jede Menge Spaß. Man darf mit ihnen nicht den Park verlassen. Kosten ab 10 € für 30 Minuten. Auch normale Fahrräder.

S228 [ei] **DOYOUBIKE,** Avinguda del Port, 141, Tel. 963374024, www.doyoubike.com, geöffnet: tgl. 9.30–14 u. 17–20.15 Uhr, Filialen: Carrer de la Sang, 9, und Carrer de la Mar, 14. Tandems, E-Bikes, Mountainbikes. Die Fahrräder kann man auf der Website online buchen oder direkt in den Läden mieten. Preise ab 10 € für 24 Stunden, am Wochenende teurer.

S229 [C1] **Electric Chopper,** Carrer dels Sabaters, 3, Tel. 961156335, 640082353, www.electricchopper.es. Ein bequemes E-Bike fahren und dabei richtig auffallen, das funktioniert mit diesen Choppern. Sie sehen aus wie Bikes, mit denen man in Kalifornien am Strand herumkurven kann, auch mit Sidecar.

S230 [C2] **Passion Bike,** Carrer Serrans, 16, Tel. 963919337, www.passionbike.net, geöffnet: Nov.–Feb. tgl. 10–19 Uhr, März–Okt. 10–20 Uhr, Filiale: Carrer d'Ercilla, 21. Der italienische Besitzer Pier bietet in beiden Geschäften Fahrräder in verschiedenen Größen und Ausstattungen an. Auch Kindersitze und E-Bikes. Kosten ab 4 € für eine Stunde, 9 € für 24 Stunden.

Geführte Fahrradtouren

Eine beliebte Art, die Stadt kennenzulernen, sind geführte Fahrradtouren, die meist drei bis vier Stunden dauern. Während der Touren werden normalerweise Teile des historischen Zentrums, der Fluss-Park Túria und die CAC besucht. Man sollte darauf achten, dass der Führer gute Deutschkenntnisse und eine Lizenz besitzt.

› **Private deutschsprachige Fahrradtouren,** Tel. 625770839, info@valenciainside.com, www.valenciainside.com. Die Autorin bietet private Fahrradtouren an, die ganz individuell zusammengestellt werden können. Auf zwei Rädern lernt man dabei die Stadt mit dem Blick eines echten Profis kennen, mit vielen Geschichten und nützlichen Tipps. Preise auf Anfrage.

S231 [bh] **Valencia Bikes,** Paseo de la Pechina, 32, Tel. 650621436, www.valenciabikes.com/de, tgl. Touren auf Englisch um 11 Uhr. Der Klassiker unter den Valencianischen Biketouren: drei Stunden durch den Túria-Park.

Sicherheit

Valencia hat im Vergleich zu Madrid und Barcelona weniger Fälle von Kriminalität. **Man fühlt sich in der Stadt sicher.** Es gibt keinen Stadtteil, in den man aus Sicherheitsgründen nicht gehen sollte. Abends ist natürlich überall besondere Vorsicht geboten.

Wie in allen Städten gibt es **Taschendiebe.** Deshalb sollte man besonders an Orten, wo viele Menschen aufeinandertreffen (auf Märkten, in Tapasbars, im Bus usw.), auf folgende Dinge achten: Man sollte immer ein Auge auf seine Taschen haben und diese nicht z. B. achtlos über die Stuhllehne hängen. Am besten trägt man seine **Wertgegenstände** (und Kameras) immer dicht am Körper. Das Portemonnaie darf man niemals in die Gesäßtasche stecken. Es bietet sich an, für Wertgegenstände den Hotelsafe zu nutzen und sie nicht im Mietauto liegenzulassen. Außerdem sollte man nicht alle Kredit- bzw. Debitkarten und alles Geld in derselben Tasche verwahren, sondern diese lieber verteilen. Im Zweifelsfall erleichtern im Hotel aufbewahrte **Kopien von Ausweis, Reisepass, Kreditkarten** usw. die Neubeschaffung und Sperrung.

Oft arbeiten Taschendiebe im Team: Einer lenkt das Opfer ab (mit einer Frage, Anrempeln o. Ä.), während die zweite Person in aller Ruhe klaut. Also immer die Augen offenhalten, wenn man in ungewöhnliche Situationen gerät. Man sollte außerdem genau überlegen, wem man sein Smartphone oder die Kamera gibt, um ein Foto von sich machen zu lassen.

Wer trotz allen Vorkehrungen **Opfer eines Taschendiebs** geworden ist, muss sofort seine Kreditkarten und Telefon sperren lassen (s. S. 114) und eine **Anzeige** aufgeben (s. S. 114).

Sprache

In der Valencianischen Gemeinschaft werden zwei anerkannte Sprachen gesprochen: Zunächst gibt es **Spanisch.** Das ist die Sprache, die Deutsche, Schweizer und Österreicher als Fremdsprache lernen. Wenn man es ganz genau nimmt, gibt es aber keine „spanische" Sprache, weil in Spanien mehrere Sprachen offiziell anerkannt sind. Das, was „Spanisch" genannt wird, ist eigentlich **Kastilisch** und hat seinen Ursprung in der Gegend von Madrid.

Als zweite Sprache existiert das **Valencianische** *(Valenciano, Valencìa).* Es unterscheidet sich bedeutend vom Kastilischen und muss separat erlernt werden. Manche Wörter sind dem Kastilischen sehr ähnlich, wie zum Beispiel „Mehl": *harina* (Kastilisch) und *farina* (Valencianisch). Andere unterscheiden sich extrem und können an das Französische erinnern, wie „morgen": *mañana* (Kastilisch) bzw. *demà* (Valencianisch) und *demain* (Französisch).

Ist das Valencianische nun eine eigenständige Sprache oder einfach nur ein Dialekt des Katalanischen, der Sprache, die in der Autonomen Gemeinschaft Katalonien und dessen Hauptstadt Barcelona gesprochen wird? Darauf gibt es **zwei Antworten:** Die eine aus Sicht der Sprachwissenschaft, die andere aus der Politik. Wenn man sich mit der Geschichte und Herkunft des Valencianischen auf **wissenschaftlichem Level** beschäftigt, ist ganz klar, dass es sich dabei um eine **Variante des Katalanischen** handelt, genauso wie die Lokalsprachen in Aragon, Andorra und auf den Balearischen Inseln. Es gibt viele Gemeinsamkeiten mit dem Katalanischen, aber einige Wörter sind komplett unterschiedlich: z. B. spricht man auf Valencianisch von der *vesprada,* im Katalanischen von der *tarda* („Nachmittag").

Oft hört man aber auch die **politische Antwort:** Valencianisch sei eine **eigenständige Sprache** und habe mit dem Katalanischen gar nichts zu tun. Man will damit ausdrücken, dass die Valencianische Gemeinschaft kein Teil Kataloniens ist und eine völlig eigenständige Geschichte und Kultur besitzt. Dies kann zu hitzigen Debatten führen, in denen sich die Teilnehmer eher von ihrem Stolz und weniger vom Wissenschaftsstand leiten lassen.

Nachdem die Regionalsprachen während der Diktatur unter Franco, der nur das Kastilische als offizielle Sprache zuließ, verboten waren, erleben sie heute eine neue Blütezeit. Im Jahr 1982 wurde das Valencianische zur **zweiten amtlichen Sprache** in der Autonomen Gemeinschaft erhoben. Seitdem gibt es Schulen, in denen 100 % auf Valencianisch unterrichtet wird. Alle öffentlichen Schreiben müssen in beiden Sprachen verfasst sein und wenn man Beamter werden

068va-srs

◁ *Straßenschild auf Valencianisch: Carrer statt Calle*

möchte, muss man das *Mitja,* die offizielle Valencianische Sprachprüfung, bestanden haben. Heute sprechen etwa 50 % der Valencianer die Regionalsprache, korrekt schreiben können sie wesentlich weniger. Für den Touristen stellt die Zweisprachen-Thematik in der Stadt kein wirkliches Problem dar, außer im Falle von **Straßenbezeichnungen**, die mal auf Valencianisch (Straße: *carrer*), mal auf Kastilisch *(calle)* sind. Auf dem Land wird mehr Valencianisch gesprochen.

In Valencia sollte man keine weite Verbreitung von **Deutsch** und **Englisch** erwarten, auch wenn man in Ausnahmefällen immer wieder überrascht wird. Im Anhang dieses Buchs gibt es eine kleine spanische Sprachhilfe (s. S. 130).

Stadttouren

Stadtführungen

Die beste Art und Weise, die Stadt kennenzulernen ist eine Stadtführung aus professioneller Hand. Es gibt in Valencia keinen fixen Termin für Stadtführungen in deutscher Sprache, der Besucher kann allerdings eine private Führung organisieren oder an öffentlichen Führungen auf Spanisch oder Englisch teilnehmen.

› **Private deutschsprachige Stadtführungen,** Tel. 625770839, info@valenciainside.com, www.valenciainside.com. Die Autorin dieses Buches lebt seit 2011 in Valencia und ist ganz verliebt in die lebendige und sonnige Stadt. Sie zeigt den Besuchern nicht nur die großen Sehenswürdigkeiten, sondern auch die versteckten Ecken. Eher spannende Geschichten als trockene Geschichte. Preise auf Anfrage.

› **Liber Tours,** Treffpunkt: Plaça de la Mare de Déu 16, Tel. 978118888, https://libertours.com. Mo.–Sa. 10.30 Uhr, Erw. 17 €, Kinder unter 8 Jahren gratis, 8–16 Jahre 8 €. Die Tour wird auf Spanisch und Englisch angeboten. Reservierung auf der Website möglich. Dauer ca. 2 Std. 15 Minuten inkl. Besuch der Seidenbörse.

•232 [F1] **Guiding Architects,** Carrer Bernat i Baldovi 6, Tel. 617421136, info@ga-valencia.es, www.ga-valencia.es. Deutsche Spezialführung mit dem Schwerpunkt Architektur. Preise auf Anfrage.

Hop-on-hop-off-Busse

Es gibt **zwei Anbieter** (einmal rote Busse, einmal grüne). Beide sind vergleichbar, Tickets können online, im Hotel, den Touristeninformationen (s. S. 107) oder im Bus gekauft werden. Der **Ein- bzw. Ausstieg** ist an jeder Haltestelle möglich. Die Touren bieten einen ersten Überblick. Man kann die Busse auch als normales Transportmittel nutzen, ist aber mit dem Öffentlichen Nahverkehr oft schneller unterwegs. Die Audio-Kommentare sind auch auf Deutsch verfügbar, wenn sie auch manchmal etwas holprig und unvollständig sind.

› **Valencia Bus Turistic,** Plaça de la Reina, Tel. 963414400 u. 699982514, www.valenciabusturistic.com, tgl. ca. 10–19 Uhr, Erw. 24 Std. 16 €, 48 Std. 18 €, Kinder bis 6 Jahre frei, Kinder 7–16 Jahre 24 Std. 9 €, 48 Std. 10 €. Die roten Busse. Bieten auch eine Tour zur L'Albufera 40 an.

› **Valencia Bus Turístico,** Plaça de la Reina, Tel. 616132009, http://valencia.busturistico.com, tgl. 10–19 Uhr, Erw. 24 Std. 14 €, 48 Std. 15 €, Kinder bis 6 Jahre frei, Kinder 7–16 Jahre 24 Std. 7 €, 48 Std. 8 €. Rabatt bei Kauf über die Website. Die grünen Busse.

069va-srs

Bootsausflüge

•233 [fi] **Boramar Katamaran,** vor dem Tinglado Nummer 2, Tel. 963449455 u. 634675206, http://boramar.net, Sa. u. So. 12 u. 13 Uhr, Erw. 15 €, Kinder 9 €, Metro 8: Grau – Canyamelar. Nur mit Reservierung. 50-minütige Ausfahrt im Hafen und auf dem Meer, mit einem Tellerchen Miesmuscheln und einem Glas Weißwein.

•234 [fi] **Mundo Marino Katamaran,** Anleger neben dem Veles E Vents, Tel. 963816066, www.mundomarino.es/puerto-de-valencia, geöffnet: ganzjährig, Erw. über 11 Jahre ab 15 €, Kinder 4–10 Jahre ab 9 €, unter 4 Jahren gratis, Metro 8: Marina Reial Joan Carles I. Mundo Marino bietet verschiedene Ausflüge per Katamaran auf dem Mittelmeer. Von einstündigen Fahrten über eine Sunset Cruise (empfehlenswert, inkl. ein Glas Cava) bis hin zu drei Stunden mit Bad im Meer und Paella.

Touristenzüge

› **Trenes Turísticos,** Tel. 619763010, http://trenesturisticosvalencia.es, geöffnet: tgl. 10–14 u. 16–21 Uhr, Eintritt: 5 €. Dieser kleine weiße Zug dreht seine Runden im Fluss-Park Túria. Die Fahrt dauert etwa 40 Minuten. Einstieg in der CAC. Hält auch am Gulliver-Spielplatz (s. S. 113) und am Palau de la Música 26.

› **Tren Turistic Marina,** Haltestellen am Hafen, z. B. Veles E Vents 37 und Edificio del Reloj 36, Tel. 972352064, www.carrilets.com, geöffnet: Mai-Okt. 10–22 Uhr, Nov.-Apr. 10–13.45 u. 15.15–17.30 Uhr, Eintritt: Erw. 5 €, Kinder 3 €. Am Hafen und Strand verkehrt dieser kleine Zug mit 10 Haltestellen. Dauer ca. 45 Minuten. Man darf an einer Haltestelle aus- und wieder einsteigen.

Mit dem Katamaran von Boramar kann man am Wochenende in See stechen

In einem Palast aus dem 19. Jh.: das Hotel Hospes Palau del Mar (s. S. 123)

Telefonieren

Alle **Telefonnummern** in Spanien haben **neun Ziffern.** Die ersten drei sind dabei die Ortsvorwahl, die aber vor ein paar Jahren zum festen Bestandteil der Telefonnummern geworden ist. Sie muss immer mitgewählt werden, auch wenn man sich in der entsprechenden Stadt befindet. Festnetznummern beginnen mit 9, Handynummern mit 6. Wenn man von einem ausländischen Anschluss oder Handy anruft, muss man die **Landesvorwahl 0034** vorwählen

Ab Juni 2017 gibt es in der EU keine **Roaminggebühren** mehr. Damit ist das Telefonieren und Surfen mit dem Handy im EU-Ausland so günstig wie zu Hause – es sei denn, man nutzt das Handy im Ausland über einen längeren Zeitraum hinweg, dann können je nach Anbieter Nutzungsobergrenzen gelten.

070va-srs

Vorwahlen

- **Spanien:** 0034
- **Deutschland:** 0049
- **Österreich:** 0043
- **Schweiz:** 0041

Uhrzeit

Die Uhrzeit ist in Valencia **dieselbe wie in Deutschland, Österreich und der Schweiz.** Allerdings liegt Spanien weiter westlich und südlich und so wird es später am Morgen hell und später am Abend dunkel. Um genau zu sein liegt Spanien in der falschen Zeitzone: Dort müsste es wie z.B. in England eine Stunde früher sein. Diktator Franco wollte allerdings in der gleichen Zeitzone wie Hitler-Deutschland sein und das wurde niemals geändert.

Unterkunft

Es gibt zahlreiche Unterkunftsmöglichkeiten: vom luxuriösen 5-Sterne-Palast über Appartements bis zum einfachen Zimmer mit Gemeinschaftsbad. Es ist meist günstiger, eine **Reservierung** bereits von zu Hause aus vorzunehmen, außerdem vermeidet man so böse Überraschungen vor Ort, weil das Hotel komplett ausgebucht ist. In jedem Fall helfen die Touristeninformationen (s. S. 107) in Valencia bei der Zimmervermittlung.

Es bieten sich zwei Gegenden für die Übernachtung an: die Altstadt oder der Strand La Malva-Rosa. Beide haben Vor- und Nachteile und es kommt auf persönliche Vorlieben an. Wenn man kurze Wege bevorzugt, eine große Auswahl an Restaurants und Aktivitäten in unmittelbarer Nähe wichtig sind und man einfach „mittendrin" sein möchte, dann ist ein Zimmer in der **Altstadt** zu empfehlen. Mit dem guten Öffentlichen Nahverkehr ist man schnell am Strand oder in der CAC. Das Parken in der Alstadt ist allerdings schwierig bzw. man muss hohe Preise in den Parkhäusern in Kauf nehmen. In manchen Straßen kann es zudem bis spät nachts sehr laut sein, wenn Bars oder Klubs in der Nähe sind.

Wer gern den Sonnenaufgang über dem Mittelmeer miterleben oder viel Zeit am Strand verbringen möchte, der sollte sich ein Zimmer an der **Malva-Rosa** nehmen. Besonders mit Kindern bietet sich diese Option an. Es gibt allerdings nur wenig günstige Unterkünfte und man muss stets mit dem Öffentlichen Nahverkehr oder einem Taxi (etwa 12 €) in die Altstadt fahren. Die im Folgenden empfohlenen Hotels am Strand befinden sich an Valencias beliebtester Promenade, dem Passeig de Neptú. Dort gibt es auch zahlreiche gute Paella- und Fischrestaurants und Strandbars. An Winterabenden kann die Gegend allerdings etwas leer und ausgestorben wirken.

Außerhalb dieser beiden Gegenden gibt es natürlich weitere Unterkünfte, die sich aber aufgrund ihrer Lage nicht für einen Städtetrip anbieten.

Preiskategorien

Die Preise beziehen sich auf ein Doppelzimmer ohne Frühstück.

€	bis 70 €
€€	70 bis 110 €
€€€	110 bis 150 €
€€€€	über 150 €

EXTRAINFO

Buchungsportale

Neben Buchungsportalen für **Hotels** (z. B. www.booking.com, www.hrs.de oder www.trivago.de) bzw. für **Hostels** (z. B. www.hostelworld.de oder www.hostelbookers.de) gibt es auch Anbieter, bei denen man **Privatunterkünfte** buchen kann. Portale wie www.airbnb.de, www.wimdu.de oder www.9flats.com vermitteln Wohnungen, Zimmer oder auch nur einen Schlafplatz auf einer Couch. Diese oft recht günstigen Übernachtungsmöglichkeiten sind nicht unumstritten, weil manchmal normale Wohnungen gewerblich missbraucht werden. Wenn die Stadt regulierend eingreift, kann das zu kurzfristigen Schließungen führen. Eine Buchung unterliegt also einem gewissen Restrisiko.

Hotels

Spanien hat ein eigenes **Vergabesystem von Sternen**, das von den Standards im Heimatland abweichen kann. Das bedeutet, dass z. B. vier Sterne in Spanien nicht der 4-Sterne-Kategorie in Deutschland entsprechen, der Standard liegt etwas niedriger. Bemessen werden die Sterne an „harten" Kategorien wie der Zimmergröße und der Frage, ob es einen Safe gibt oder ob die Rezeption rund um die Uhr besetzt ist. Sie sagen also nicht über Charakter oder Charme eines Hauses aus.

Highlight des HolaHotel del Carmen: das Restaurant Carmen Polo Terrace mit Blick auf das Stadttor Torres dels Serrans 20

Valencia ist als Urlaubsziel groß im Kommen und das merkt man auch an den in den letzten Jahren gestiegenen **Hotelpreisen.** Trotzdem gibt es jede Menge interessante Angebote um die 100 € pro Nacht im Doppelzimmer. Manchmal ist das **Frühstück** inklusive, manchmal muss man dafür noch 10 bis 15 € pro Person extra zahlen. Aber warum hält man es nicht einfach wie die Spanier und nimmt sein Frühstück gemütlich in einer Cafetería ein oder stellt auf dem Markt ein kleines Picknick zusammen?

In der Altstadt

235 [D2] **Ad Hoc Monumental** €€, Carrer Boix, 4, Tel. 963919140, www.adhochoteles.com. **Gemäuer voller Geschichte, nah am Fluss:** romantisches Gebäude von 1881, renoviert und künstlerisch eingerichtet. Filiale in der Carrer Samaniego: Hotel Ad Hoc Carmen.

236 [D2] **Caro Hotel** €€€€, Carrer del Almirall, 14, Tel. 963059000, www.carohotel.com. **Historie und Eleganz:** 26 Zimmer im Luxuspalast des Markgrafen von Caro. Mit Resten der Stadtmauer im Inneren und einem witzigen Pool auf der kleinen Terrasse.

237 [C5] **Casual Valencia Del Cine** €€, Carrer del Convent de Sant Francesc, 7, Tel. 963517460. **Für Filmfans,** und:

238 [C4] **Casual Valencia Vintage** €€, Carrer de la Barcelonina, 1, Tel. 963212421, http://casualhoteles.com/hoteles-valencia. **Vintage rules:** Die kleine Kette mit insgesamt fünf Häusern bietet Themenhotels. Kleine, saubere Zimmer.

239 [C3] **Cathedral Suites Hotel** €€€€, Carrer Cabillers, 3, Tel. 963123666, www.cathedralsuiteshotel.com. **Fantastischer Ausblick und Kochmöglichkeit:** Dachterrasse mit Restaurant und Pool, alle Suiten mit Kitchenette.

240 [C1] **HolaHotel del Carmen** €€, Carrer de la Blanqueria, 11, Tel. 963112777, http://holahotel-del-carmen.h-rez.com. **Nah am Stadttor mit wunderbarem Ausblick:** günstiges Hotel mit Dachterrasse (Restaurant Carmen Polo Terrace), Blick auf den Fluss-Park und die Torres dels Serrans.

241 [E4] **Hospes Palau del Mar** €€€€, Avinguda de Navarro Reverter, 14, Tel. 963162884, www.hospes.com/de/valencia-palau_mar. **Warm-elegantes Flair in der Altstadt.** 5-Sterne-Hotel in einem Palast aus dem 19. Jahrhundert.

071va-srs

Außer den Zimmern im Hauptgebäude gibt es weitere charmante Zimmer rund um den holzverkleideten Innenhof.

242 [D4] **One Shot Colon 46** €€, Carrer de Colom, 46, Tel. 963146614, www.hoteloneshotcolon46.com. **Witzige Kunst und Shopping:** künstlerisch und modern eingerichtetes Hotel in der Haupteinkaufsstraße mit Regenduschen und Holzböden. Ebenfalls empfehlenswert ist das Schwesterhotel One Shot Reina Victoria.

243 [C4] **One Shot Reina Victoria** €€€, Carrer de les Barques, 4, www.hotelone shotpalacioreinavictoria04.com

244 [C3] **Petit Palace Plaza de la Reina** €€, Carrer de l'Abadia de Sant Martí, 3, Tel. 963945100, www.petitpa lace.com. **Unschlagbare Lage im Stadtpalast:** ruhig und zentral gelegenes Hotel mit reichhaltigem Frühstück. Einige Zimmer mit Balkon oder kleiner Terrasse.

245 [C2] **San Lorenzo Boutique Hotel** €€, Plaça de Sant Llorenç, 2, Tel. 960621693, http://hotelsanlorenzo boutique.com. **Familienfreundlich, hell, zentral:** Hier lebten früher die Franziskanermönche. Große Familienzimmer, fast alle mit Balkon.

072va-srs

246 [C5] **Vincci Lys** €€€€, Carrer Martínez Cubells, 5, Tel. 963509550, www. vinccihoteles.com/ger. **Vornehmes Ambiente mit Vintage-Touch.** Die drei Vincci-Hotels der Stadt bieten 4-Sterne-Qualität in modernem Ambiente. Das gemütliche Lys ist ruhig in einer Fußgängerzone gelegen.

Am Strand La Malva-Rosa

247 [fi] **Balandret** €€€, Passeig de Neptú, 20, Tel. 963811141, www.balandret. com. **Boutiquehotel in hellem mediterranem Design:** modernes Hotel mit gutem Paella- und Fischrestaurant, Spielzimmer für Kinder, Frühstücksbuffet und Meerblick.

248 [fi] **Balneario Las Arenas** €€€€, Carrer d'Eugènia Viñes, 22–24, Tel. 963120600, www.hotelvalenciala sarenas.com. **Vornehmes Spa-Hotel mit großer Außenanlage:** Das größte Hotel am Strand bietet eine luxuriöse Ausstattung.

249 [fi] **El Coso del Mar** €€€, Passeig de Neptú, 12, Tel. 963728213. **Modern und geschmackvoll in hellen Farben eingerichtet:** insgesamt neun Doppelzimmer und fünf Suiten mit teilweise großen Panoramafenstern und Balkonen zum Meer.

250 [fi] **Neptuno** €€€, Passeig de Neptú, 2, Tel. 963567777, www.hotelneptu novalencia.com. **Maritime Unterkunft mit Charme:** Frühstücksbuffet mit Meerblick, einige Zimmer mit Whirlpool. Zimmer eher klein, gegen Aufpreis mit Strandaussicht.

251 [fi] **Sol Playa** €€, Passeig de Neptú, 56, Tel. 963561920, www.hotelsol playa.com. **Schnäppchen in bester Lage:** günstiges Strandhotel mit schlicht eingerichteten Zimmern. Gutes Preis-Leistungs-Verhältnis, auch einige Zimmer mit Meerblick.

Hostels und Hostales

Hostels sind eine preiswerte Alternative zu Hotels. Meist übernachten hier junge Reisende in Schlafsälen. In den folgenden Hostels gibt es aber Privatzimmer mit eigenem oder Gemeinschaftsbad zum unschlagbaren Preis. Unter **Hostales** versteht man in Spanien einfache Unterkünfte, die wie ein Hotel funktionieren, aber meist kleiner sind und oft weniger Dienstleistungen (Bar, Restaurant usw.) bieten. Meist gibt es keine Frühstücksmöglichkeit. Alle hier aufgeführten Unterkünfte befinden sich im Stadtzentrum.

252 [B2] **Colors Rooms** €, Carrer Sant Ramon, 20, Tel. 693398211, www.colorsrooms.com. **Farbenfroh im historischen Carme-Viertel:** vier Zimmer mit eigenem Bad, jedes in einer anderen fröhlichen Farbe: orange, grün, rot und lila.

253 [B3] **Hospedería del Pilar** €, Plaça del Mercat, 19, Tel. 963916600, www.hospederiadelpilar.com. **Gut und günstig in zentraler Lage:** einfaches Hostal ohne Frühstücksmöglichkeit, dafür direkt am Markt gelegen. Schnell ausgebucht.

254 [D2] **The River Hostel** €, Plaça del Temple, 6, Tel. 963913955, http://riverhostelvalencia.com. **In Flussnähe und mit netter Gemeinschaftsküche:** Ab 40 € kann man hier im privaten Doppelzimmer mit Gemeinschaftsbad übernachten. Angeschlossene Bar.

255 [B2] **Valencia Lounge Hostel** €, Carrer dels Cadirers, 11, Tel. 963923425, www.valencialoungehostel.com. **Design-Unterkunft für den kleinen Geldbeutel:** Hostel mit Mehrbettzimmern und ein paar Privatzimmern mit eigenem Bad.

Die Seele baumeln lassen im Hotel Balandret

Verhaltenstipps

Oft kann man Spanier und Touristen auf den ersten Blick voneinander unterscheiden: Die Einheimischen stehen im Schatten, sind wärmer und eleganter angezogen, reden laut und gestikulieren. Hier einige Verhaltensregeln für das „Überleben" in Valencia.

Am besten so

- **Machen Sie eine Pause!** Ruhig mal eine Rast einlegen und das Leben und die Sonne genießen. Dadurch wird der (Arbeits-)Tag zwar etwas länger, aber das lohnt sich oft.
- **Vermeiden Sie allzu legere Kleidung!** Kurze Hosen und Sandaletten sieht man bei spanischen Männern in der Stadt kaum, Frauen sind auch bei Hitze fast immer perfekt geschminkt und frisiert. Insgesamt sind die Spanier einen Tick eleganter.
- **Duzen Sie jeden!** In Spanien ist man eigentlich immer sofort beim „Du". Das förmliche „usted" („Sie") ist veraltet und wird kaum gebraucht.
- **Stehen Sie früh auf!** Das lohnt sich manchmal auch im Urlaub: Der Sonnenaufgang über dem Mittelmeer oder auf historischen Plätzen ist ein fantastisches Schauspiel. Außerdem sind einige Touristenattraktionen später überfüllt (z. B. der Mercat Central 6 am Samstagvormittag), sodass sich ein früher Besuch anbietet.
- **Küssen Sie fremde Frauen!** Die Leute begrüßen sich kaum mit Handschlag, sondern so gut wie immer mit einer Umarmung oder einem Küsschen auf jede Wange.
- **Sprechen Sie Spanisch!** Auch wenn Sie das gar nicht beherrschen: Die Einheimischen freuen sich, wenn Sie es mit einem „gracias" oder „por favor" versuchen.

So besser nicht

- **Bier nur aus Biergläsern trinken.** Da achtet in Spanien (leider) niemand drauf: Mal bekommt man ein Weinglas, mal ein Wasserglas. Dem Geschmack tut das (fast) keinen Abbruch.
- **Sich an einen bereits besetzten Tisch setzen.** Wenn ein Tisch bereits mit einer oder mehreren Personen besetzt ist, setzt man sich nicht dazu und respektiert die private Zone der anderen.
- **In den Bus drängeln.** Der Bus kommt an und alle stürmen zum Einstieg – falsch! Meist stehen die Leute in einer geordneten Schlange. Vordrängeln gehört sich da zwar nicht, kommt aber auch mal vor.
- **An eine imaginäre Schlange anstellen.** Die gibt es nämlich oft gar nicht, besonders bei der Post oder am Marktstand. An solchen Orten zieht man Nummern und wird dann aufgerufen bzw. die Nummer erscheint auf einer Anzeigetafel.
- **Lärmempfindlich sein.** Wenn sich jemand über die Lautstärke und den Krach beschwert, halten die meisten Spanier den für normal und merken gar nicht, dass es viel zu laut ist.
- **Die Rechnung vom Kellner teilen lassen.** Das macht kein Spanier – sie streiten sich eher freundlich, wer alle einladen und die Rechnung bezahlen darf.

Verkehrsmittel

Bus

Die roten **EMT-Stadtbusse** sind das beste öffentliche Verkehrsmittel. Es gibt zahlreiche Linien, sie fahren oft und man bekommt auf dem Weg auch noch was von der Stadt zu sehen. Auch die günstigen Preise überzeugen: Die **Zehnerkarte Bono Transbordo** (für Bus und Metro in Zone A), die man im *Estanco de Tabacos* (Tabakladen), am Zeitschriftenkiosk oder am Automaten in den Metrostationen kaufen kann, kostet 9 €. Die Fahrten werden auf eine magnetische Karte geladen, für die man einmalig 1 € zahlt, die dann aber immer wieder neu aufgeladen werden kann. Beim Einsteigen in den Bus (stets durch die Vordertür beim Fahrer) hält man die Karte gegen ein **Lesegerät,** welches das Ticket abbucht. Mit einer Karte können mehrere Personen fahren.

Man kann auch direkt **beim Busfahrer ein Ticket erwerben,** das dann etwas teurer ist (Einzelfahrt in der Zona A zu 1,50 €) und mit dem man nicht in die Metro umsteigen kann.

Es gibt auch **Tagestickets** für Bus und Metro in Zone A. Sie gelten jeweils für eine Person und kosten 4 € (Name: T1, gültig für einen Tag), 6,70 € (T2, 2 Tage) bzw. 9,70 € (T3, 3 Tage). Sie sind ebenfalls an den oben genannten Verkaufsstellen erhältlich.

- **Infos:** www.emtvalencia.es (auch auf Englisch)
- **EMT Valencia:** gute App des Öffentlichen Nahverkehrs mit Routenplaner (Bus, Metro, Rad, Fahrradverleihsystem Valenbisi, zu Fuß), kostenlos für Android und iOS

Die Busse fahren in Intervallen, z. B. alle 5 oder 8 Minuten. Wenn sich der Bus der Haltestelle nähert, muss man **dem Fahrer winken, damit er anhält.** Der Einstieg erfolgt durch die Vordertür beim Fahrer. Wenn man an einer Haltestelle aus dem Bus aussteigen möchte, dann muss man rechtzeitig eine der Stopptasten drücken, die überall im Bus verteilt sind. Ausgestiegen wird durch die mittlere oder hintere Bustür.

Die folgenden Linien sind für Besucher interessant:

073va-srs

Die roten EMT-Stadtbusse verkehren auf zahlreichen Linien

- **Linie 19:** Rathausplatz – CAC – Strand Malva-Rosa
- **Linie 25:** z. B. Ecke Avinguda de Navarro Reveter und Carrer Gravador Esteve – Strand El Saler – L'Albufera-Bootsabfahrt – El Palmar
- **Linie 94:** Fluss-Park Túria – CAC, Einstieg z. B. an der Carrer del Comte de Trénor, nähe Pont de Fusta
- **Linie 95:** Zoo Bioparc – Fluss-Park Túria – Aquarium Oceanogràfic – Kreuzfahrtschiff-Terminal

Metro und Tranvía

Besonders für die Fahrt **vom Flughafen in die Stadt** bietet sich die Metro an, die teilweise unter- und überirdisch (dann heißt sie Tranvía) fährt. Die CAC ist nicht direkt angebunden und wenn man vom Zentrum zum Strand fährt, muss man an der Haltestelle Marítim-Serreria umsteigen. Man benötigt auch hier eine **Magnetkarte.** Am besten eignet sich auch hier die **Zehnerkarte Bono Transbordo.**

- **Infos:** www.metrovalencia.es

Fahrplanauskünfte

- **Zug:** In den Bahnhöfen Estació del Nord und Joaquín Sorolla gibt es Informationsschalter, www.renfe.com, Tel. 902320320.
- **Metro Valencia:** Servicecenter in den Stationen Flughafen, Colón, Túria und Xàtiva, www.metrovalencia.es, Tel. 900461046.
- **EMT-Busse:** Infostelle in der Metrostation Colón, www.emtvalencia.es, Tel. 963158515

Taxi

Taxifahrten sind in Valencia preisgünstig. Zwischen 7 und 21 Uhr zahlt man eine **Pauschale** von 1,35 € plus einen **Kilometerpreis** von 1,08 €, allerdings gibt es einen **Mindestpreis** von 4 €. Nachts beträgt der Mindestpreis 6 €. Ungefähre Kosten für Fahrten am Tag:

- Altstadt – CAC: 8–10 €
- Altstadt – Strand La Malva-Rosa: 10–12 €
- CAC – Hafen: 6–8 €
- Altstadt – Bioparc: 10–12 €

Taxiunternehmen

- **Radio Taxi:** Tel. 963703333
- **Tele Taxi:** Tel. 963571313
- Die **App mytaxi** funktioniert in Valencia ebenfalls (kostenlos für iOS und Android).

Wetter und Reisezeit

In Valencia gibt es viel Sonne und wenig Regen. Die **Jahresdurchschnittstemperatur** beträgt 18 Grad. Die **Winter** sind mit durchschnittlich 11 Grad Celsius im Januar mild, es friert oder schneit nie, allerdings sind die Nächte kalt und die Häuser sind schlecht isoliert und verfügen nur selten über gute Heizungsanlagen. Im **Sommer** wird es dagegen sehr heiß (Durchschnitt im August: 27 Grad Celsius) und es gibt hohe Nachttemperaturen. Klimaanlagen sind weit verbreitet.

Es gibt wenig Regen, dafür aber eine **hohe Luftfeuchtigkeit**, die die gefühlte Temperatur im Winter niedriger und im Sommer höher erscheinen lässt. Im Juli und August beträgt die **Wassertemperatur** im Mittelmeer fast 25 Grad Celsius, im Januar nur knapp 14.

Mit 300 Tagen Sonne im Jahr und wärmeren Temperaturen als Nordeuropa lohnt sich eine Reise nach Valencia zu jeder Jahreszeit.

Im **März** findet das Fallas-Fest (s. S. 16) statt, da wird es besonders zwischen dem 15. und 19.3. voll und laut. Die Monate von **Ende März bis Juni** sind ideal für den Besuch, ebenso **September und Oktober** (es kommen aber auch die meisten Touristen in diesen Zeitspannen).

Im **Juli und August** ist es sehr heiß und die Stadt kann ausgestorben wirken, weil die Spanier im Urlaub sind. Von **November bis Februar** ist es ruhig und angenehm.

Die **schönste Reisezeit** ist aber wohl die Zeit von Ende März bis Mitte April, wenn bei der duftenden **Orangenblüte** und den lauen Temperaturen wahre Frühlingsstimmung aufkommt.

Wetter in Valencia

Durchschnitt	Jan	Febr	März	Apr	Mai	Juni	Juli	Aug	Sept	Okt	Nov	Dez
Maximale Temperatur	16°	17°	19°	20°	23°	27°	29	30°	28°	24°	19°	17°
Minimale Temperatur	6°	7°	8°	10°	13°	17°	20°	21°	18°	14°	10°	7°
Regentage	4	4	4	5	4	3	1	2	5	5	4	5
Wassertemperatur	13°	13°	13°	15°	17°	20°	24°	25°	23°	21°	17°	15°

ANHANG

074va-srs

Kleine Sprachhilfe Spanisch

Auch wenn es zwei offizielle Sprachen in der Valencianischen Gemeinschaft gibt, kommt man mit Spanisch (Kastilisch) gut zurecht. Im Folgenden werden einige wichtige Begriffe und Sätze aufgeführt. Wer sich intensiver mit der spanischen Sprache beschäftigen will, findet im Kauderwelsch-Sprachführer (Nr. 5) „Spanisch – Wort für Wort" aus dem Reise Know-How Verlag eine leichte und unterhaltsame Einführung.

Grundlegende Hinweise

- Bei der **Betonung** gibt es zwei Grundregeln und jedes Wort wird so ausgesprochen, wie es geschrieben ist, d. h., es werden keine Buchstaben zusammengezogen. Beispiel: bien („gut") wird bi-en gesprochen. Einzige Ausnahme: gue und gui, die werden ge und gi gesprochen. Beispiel: guerra („Krieg") = gerra.
- Grundsätzlich werden die Wörter auf der **vorletzten Silbe** betont, wenn sie auf einem Vokal (a, e, i, o, u) bzw. auf -n oder -s enden.
- Endet ein Wort auf einem Konsonanten (außer: -n und -s), wird die **letzte Silbe** betont.
- Abweichungen von dieser Regel zeigen die **Akzente** an. In diesem Fall wird dann der Buchstabe betont, über dem der Akzent steht.

Zur Aussprache

- „c" wird meist weich gesprochen, fast wie englisches th
- „c" wird hart gesprochen, wenn a, u, o folgen: casa („Haus") = kasa
- „ch" wie „tsch": mucho („viel") = mutscho
- „j" wie „ch": Juan = chuan
- „ll" wie „lj", fast wie deutsches „j": Mallorca = Maljorka
- „ñ" wie „nj": España = Espanja

Vorseite: In der Carrer del Museu [B1] findet man dieses kleine „Haus", das als Eingang für Katzen dient

Hilfreiche Begriffe und Phrasen

Begrüßung

hola	Hallo
buenos días	Guten Tag
adiós	Auf Wiedersehen
buenas noches	Gute Nacht
hasta luego	Bis später
¿Cómo te llamas?	Wie heißt Du?
me llamo ...	Ich heiße ...
¿Cómo estás?	Wie geht's?
muy bien, gracias	Sehr gut, danke

Wichtige Begriffe

por favor	bitte
muchas gracias	Vielen Dank
de nada	Gern geschehen, macht nichts
sí	ja
no	nein
vale	in Ordnung
cerrado	geschlossen
abierto	geöffnet

Zeiten und Wochentage

ahora	jetzt
tarde	spät
más tarde	später
mañana	Morgen
tarde	Nachmittag
noche	Nacht
ayer	gestern
hoy	heute
día	Tag
semana	Woche
mes	Monat
año	Jahr

+++ Die wichtigsten Wörter mit dem Bonus-Audiotrack des Kauderwelsch-

lunes	Montag
martes	Dienstag
miércoles	Mittwoch
jueves	Donnerstag
viernes	Freitag
sábado	Samstag
domingo	Sonntag

Monate

enero	Januar
febrero	Februar
marzo	März
abril	April
mayo	Mai
junio	Juni
julio	Juli
agosto	August
septiembre	September
octubre	Oktober
noviembre	November
diciembre	Dezember

Zahlen

0	*cero*
1	*uno* (aber: *un kilo, una cerveza*)
2	*dos*
3	*tres*
4	*cuatro*
5	*cinco*
6	*seis*
7	*siete*
8	*ocho*
9	*nueve*
10	*diez*
11	*once*
12	*doce*
13	*trece*
14	*catorce*
15	*quince*
16	*dieciséis*
17	*diecisiete*
18	*dieciocho*
19	*diecinueve*
20	*veinte*
21	*veintiuno*
22	*veintidós*
29	*veintinueve*
30	*treinta*
31	*treinta y uno*
40	*cuarenta*
50	*cincuenta*
60	*sesenta*
70	*setenta*
80	*ochenta*
90	*noventa*
100	*cien*
101	*ciento uno*
102	*ciento dos*
110	*ciento diez*
138	*ciento treinta y ocho*
200	*doscientos*
300	*trescientos*
400	*cuatrocientos*
500	*quinientos*
600	*seiscientos*
700	*setecientos*
800	*ochocientos*
900	*novecientos*
1000	*mil*
2000	*dos mil*

Die Zahlen ab 1000 aufwärts werden wie im Deutschen gebildet, indem jeweils *mil* angehängt wird.

Touristisch relevante Begriffe

baño	Toiletten
hombres	Männer
señoras	Frauen
habitación doble	Doppelzimmer
habitación simple	Einzelzimmer
habitación con baño	Zimmer mit Bad
aeropuerto	Flughafen
puerto	Hafen
estación (de trenes)	Bahnhof
terminal de autobuses	Busterminal
precio	Preis
entrada	Eintritt(-karte)
billete	Eintrittskarte

Wichtige Begriffe im Restaurant

carta	Speisekarte
primer plato	erster Gang
segundo plato	zweiter Gang
el postre	Nachtisch
menú del día	Tagesmenü
plato del día	Tagesgericht
carta de bebidas	Getränkekarte
plato	Teller
cubierto	Besteck
tenedor	Gabel
cuchara	Löffel
cuchillo	Messer
vino	Wein
vino tinto	Rotwein
vino blanco	Weißwein
vino rosado	Roséwein
vino de la casa	Hauswein
agua	Wasser
... con/sin gas	... mit/ohne Kohlensäure
cerveza	Bier
botella	Flasche
vaso	Glas
sopa	Suppe
pescado	Fisch
verdura	Gemüse
ensalada	Salat
queso	Käse
pan	Brot
aceituna	Olive
ajo	Knoblauch
cebolla	Zwiebel
lechuga	grüner Salat
pepino	Gurke
pimiento	Paprika
tomate	Tomate
sal	Salz
pimienta	Pfeffer
fresa	Erdbeere
limón	Zitrone
manzana	Apfel
melocotón	Pfirsich
melón	Melone
naranja	Orange
pera	Birne
piña	Ananas
plátano	Banane
uva	Weintraube
ánguila	Aal
almeja	Muschel
atún	Thunfisch
bacalao	Kabeljau, meist auch als Stockfisch
boquerón	Sardelle
calamares	Tintenfischringe
dorada	Goldbrasse
gamba	Garnele
langosta	Languste
lenguado	Seezunge
mejillón	Miesmuschel
merluza	Seehecht
rape	Seeteufel
sepia	Tintenfisch
trucha	Forelle
cerdo	Schwein
conejo	Kaninchen
cordero	Lamm
pato	Ente
pollo	Hähnchen
ternera	Kalb

Wichtige Phrasen

¿Cuánto vale?	Wie teuer ist es?
¿Cómo podría ir a ...?	Wie kann ich nach ... gehen?
¿Dónde está ...?	Wo liegt ...?
¿Qué hora es?	Wie spät ist es?
Estoy buscando ...	Ich suche ...
Necesito ...	Ich benötige ...
Quiero ...	Ich möchte ...
Quería ...	Ich hätte gerne ...
Déme ...	Geben Sie mir ...
¿Tiene ...?	Haben Sie ...?

Nichts verstanden?

No entiendo nada	Ich verstehe nichts
¿Habla usted alemán?	Sprechen Sie Deutsch?
Lo siento, no hablo español	Tut mir leid, ich spreche kein Spanisch

Neu bei REISE KNOW-HOW:

So sind sie, die ...

Die Fremdenversteher

Die Reihe, die kulturellen Unterschieden unterhaltsam auf den Grund geht.

Amüsant und sachkundig. Locker und heiter. Ironisch und feinsinnig. Über die Lebensumstände, die Psyche, die Stärken und Schwächen unserer europäischen Nachbarn, der Amerikaner und Japaner.

So sind sie eben, die Fremden!

Die Fremdenversteher: Deutsche Ausgabe der englischen Xenophobe's® Guides.

108 Seiten | 8,90 Euro [D]

www.reise-know-how.de **Reisen? We know how!**

Das komplette Programm zum Reisen und Entdecken von REISE KNOW-HOW

- **Reiseführer** – alle praktischen Reisetipps von kompetenten Landeskennern
- **CityTrip** – kompakte Informationen für Städtekurztrips
- **CityTrip^PLUS** – umfangreiche Informationen für ausgedehnte Städtetouren
- **InselTrip** – kompakte Informationen für den Kurztrip auf beliebte Urlaubsinseln
- **Wohnmobil-Tourguides** – alle praktischen Reisetipps für Wohnmobil-Reisende
- **Wanderführer** – exakte Tourenbeschreibungen mit Karten und Anforderungsprofilen
- **KulturSchock** – Orientierungshilfe im Reisealltag
- **Die Fremdenversteher** – kulturelle Unterschiede humorvoll auf den Punkt gebracht
- **Kauderwelsch Sprachführer** – vermitteln schnell und einfach die Landessprache
- **Kauderwelsch plus** – Sprachführer mit umfangreichem Wörterbuch
- **world mapping project™** – aktuelle Landkarten, wasserfest und unzerreißbar
- **Edition REISE KNOW-HOW** – Geschichten, Reportagen und Abenteuerberichte

Reisen? We know how!

Register

Die Autorin

Stephanie Schulz lebt nicht ohne Grund seit 2011 in Valencia. Die gebürtige Schwerinerin schnappte sich immer wieder ihren großen Rucksack und bereiste monatelang Länder rund um den Globus. Sie war zudem als Reiseleiterin tätig. Nach vielen Jahren „on the road" hatte sie Lust, ein festes Zuhause zu finden. Sie besuchte zehn spanische Städte – mit Fragenkatalog und Punktesystem –, um zu entscheiden, welcher Ort ihr am besten gefiel. Nach zwei Stunden Spaziergang in Valencia war die Sache klar: das gute Wetter und das fantastische Essen, die netten Menschen und das Meer. Nicht zu klein, nicht zu groß. Seitdem lebt die studierte Germanistin das ganze Jahr über am Mittelmeer. Ihre Leidenschaft für Valencia und für das Reisen kann sie täglich mit Besuchern vor Ort teilen: Sie arbeitet als lizensierte Stadtführerin und organisiert Touren, Ausflüge und Erlebnisse aller Art.

Schreiben Sie uns

Dieses Buch ist gespickt mit Adressen, Preisen, Tipps und Daten. Unsere Autoren recherchieren unentwegt und erstellen alle zwei Jahre eine komplette Aktualisierung, aber auf die Mithilfe von Reisenden können sie nicht verzichten. Darum: Teilen Sie uns bitte mit, was sich geändert hat oder was Sie neu entdeckt haben. Gut verwertbare Informationen belohnt der Verlag mit einem Sprachführer Ihrer Wahl aus der Reihe „Kauderwelsch".

Kommentare übermitteln Sie am einfachsten, indem Sie die Web-App zum Buch aufrufen (siehe Umschlag hinten) und die Kommentarfunktion bei den einzelnen auf der Karte angezeigten Örtlichkeiten oder den Link zu generellen Kommentaren nutzen. Wenn sich Ihre Informationen auf eine konkrete Stelle im Buch beziehen, würde die Seitenangabe uns die Arbeit sehr erleichtern. Unsere Kontaktdaten entnehmen Sie bitte dem Impressum.

Impressum

Stephanie Schulz

CityTrip Valencia

© Reise Know-How Verlag
Peter Rump GmbH
1. Auflage 2018

ISBN 978-3-8317-2967-8
Printed in Germany

Druck und Bindung:
Media-Print, Paderborn

Herausgeber: Klaus Werner
Layout: amundo media GmbH (Umschlag, Inhalt), Peter Rump (Umschlag)
Lektorat: amundo media GmbH
Karten: Ingenieurbüro B. Spachmüller, amundo media GmbH
Anzeigenvertrieb: KV Kommunalverlag GmbH & Co. KG, Alte Landstraße 23, 85521 Ottobrunn, Tel. 089 928096-0, info@kommunal-verlag.de
Kontakt: Osnabrücker Str. 79, 33649 Bielefeld, info@reise-know-how.de

Bildnachweis

Umschlagvorderseite und Umschlagklappe rechts: Stephanie Schulz
Soweit ihre Namen nicht vollständig am Bild vermerkt sind, stehen die Kürzel an den Abbildungen für die folgenden Fotografen, Firmen und Einrichtungen. Stephanie Schulz: srs | fotolia.com by Adobe: fo | dreamstime.com: dt

Liste der Karteneinträge

Hier nicht aufgeführte Nummern liegen außerhalb der abgebildeten Karten. Ihre Lage kann aber wie die von allen Ortsmarken im Buch mithilfe der Web-App angezeigt werden (s. S. 143).

Trencadís im Estació del Nord 1

079va-srs

Zeichenerklärung

Hauptsehenswürdigkeit

Antike Ruinen
Arzt, Apotheke, Krankenhaus
Bar, Bistro, Treffpunkt
Bed and Breakfast, Pension
Bibliothek
Biergarten, Kneipe
Café, Eiscafé
Fischrestaurant
Galerie
Geschäft, Kaufhaus, Markt
Hallenbad
Hotel, Unterkunft
Imbiss
Informationsstelle
Kirche
Museum
Musikszene, Disco
Parkplatz
Polizei
Postamt
Restaurant
Sehenswürdigkeit
Sonstiges
Sport-/Spieleinrichting
Theater
Vegetarisches Restaurant

Metro-/Tranvía-Haltestelle
Shoppingareal
Gastro- und Nightlife-Areal
Stadtspaziergang (s. S. 12)

Valencia mit PC, Smartphone & Co.

QR-Code auf dem Umschlag scannen oder **www.reise-know-how.de/citytrip/valencia18** eingeben und die **kostenlose Web-App** aufrufen (Internetverbindung zur Nutzung nötig)!

★**Anzeige der Lage und Satellitenansicht aller** beschriebenen Sehenswürdigkeiten und weiteren Orte
★**Routenführung** vom aktuellen Standort zum gewünschten Ziel
★**Exakter Verlauf** des empfohlenen Stadtspaziergangs
★**Audiotrainer** der wichtigsten Wörter und Redewendungen
★**Updates** nach Redaktionsschluss

GPS-Daten zum Download

Auf der Produktseite dieses Titels unter www.reise-know-how.de stehen die GPS-Daten aller Ortsmarken als KML-Dateien zum Download zur Verfügung.

Stadtplan für mobile Geräte

Um den Stadtplan auf Smartphones und Tablets nutzen zu können, empfehlen wir die App „Avenza Maps" der Firma Avenza™. Der Stadtplan wird aus der App heraus geladen und kann dann mit vielen Zusatzfunktionen genutzt werden.

Die Web-App und der Zugriff auf diese über QR-Codes sind eine freiwillige, kostenlose Zusatzleistung des Verlages. Der Verlag behält sich vor, die Bereitstellung des Angebotes und die Möglichkeit der Nutzung zeitlich und inhaltlich zu beschränken. Der Verlag übernimmt keine Garantie für das Funktionieren der Seiten und keine Haftung für Schäden, die aus dem Gebrauch der Seiten resultieren. Es besteht ferner kein Anspruch auf eine unbefristete Bereitstellung der Seiten.

Línies / *Líneas*

- 1 Bétera - Villanueva de Castellón
- 2 Llíria - Torrent Avinguda
- 3 Rafelbunyol - Aeroport
- 4 TRAMVIA / *TRANVÍA* Mas del Rosari - Dr. Lluch Ll. Llarga Terramelar - Empalme
- 4 Circula solament dies de fira / *Circula solamente días de feria*
- 5 Marítim Serrería - Aeroport
- 6 TRAMVIA / *TRANVÍA* Tossal del Rei - Marítim Serrería
- 7 Marítim Serrería - Torrent Avinguda
- 8 TRAMVIA / *TRANVÍA* Marina Reial Joan Carles I - Marítim Serrería
- 9 Alboraya Peris Aragó - Riba-roja de Túria

Informació i atenció al client / *Información y atención al cliente*

Baixador - Sol·liciteu parada / *Apeadero - Solicite parada*

Estacions de transbord / *Estaciones de transbordo*

Llíria Les estacions ressaltades en negreta són final de trajecte / *Las estaciones resaltadas en negrita son final de trayecto*

Tota la xarxa de Metrovalencia és accessible, excepte l'estació de València Sud. / *Toda la red de Metrovalencia es accesible, excepto la estación de València Sud.*

P+m Aparcament públic gratuït / *Aparcamiento público gratuito*

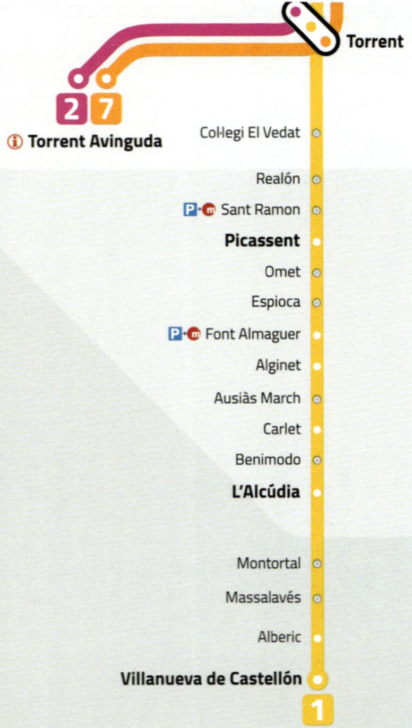

D

B

C

Diesem CityTrip-Band wurde hier ein herausnehmbarer Faltplan beigefügt. Sollte er beim Erwerb des Buches nicht mehr vorhanden sein, fragen Sie bitte bei Ihrem Buchhändler nach.

Telèfon gratuït d'atenció al client: / *Teléfono gratuito de atención al cliente:* 900 46 10 46

f /metrovalencia.fgv @metrovalencia

www.metrovalencia.es

1 2 3 4 5 6 7 8 9 CARACTERÍSTIQUES CERTIFICADES: servici oferit, accessibilitat, confort, informació, horaris, atenció al client, seguretat, impacte ambiental.